Verlag Weltsichten

Der Letzte Häuptling

Begegnungen mit den Sioux

Peter Hinz-Rosin & Dirk Rohrbach

Ich weiß, wer ich bin,
weil ich weiß,
woher ich komme und was ich bin.
Und weil ich begreife,
woher ich komme und was ich bin,
weiß ich auch, wohin ich gehe.

Leonard Little Finger, Lakota-Sioux

Dieses Buch ist dem stolzen Volk der Sioux gewidmet,
das auch in diesem Moment noch ums Überleben kämpft.

VORWORT

Als Peter und ich uns 1995 zum ersten Mal begegneten, ahnten wir nicht, was daraus werden sollte. Wir fuhren unabhängig voneinander nach South Dakota. Peter wollte dort fotografieren, ich im Radio über Hilfsprojekte zur Unterstützung nordamerikanischer Indianer berichten.

Acht Jahre und viele Reisen und Erlebnisse später sind wir immer noch von den Menschen und dem Land fasziniert. Und wenn man so zurückblickt, hat man manchmal den Eindruck, dass der eine oder andere Zufall in der Vergangenheit vielleicht doch eher Fügung gewesen sein könnte.

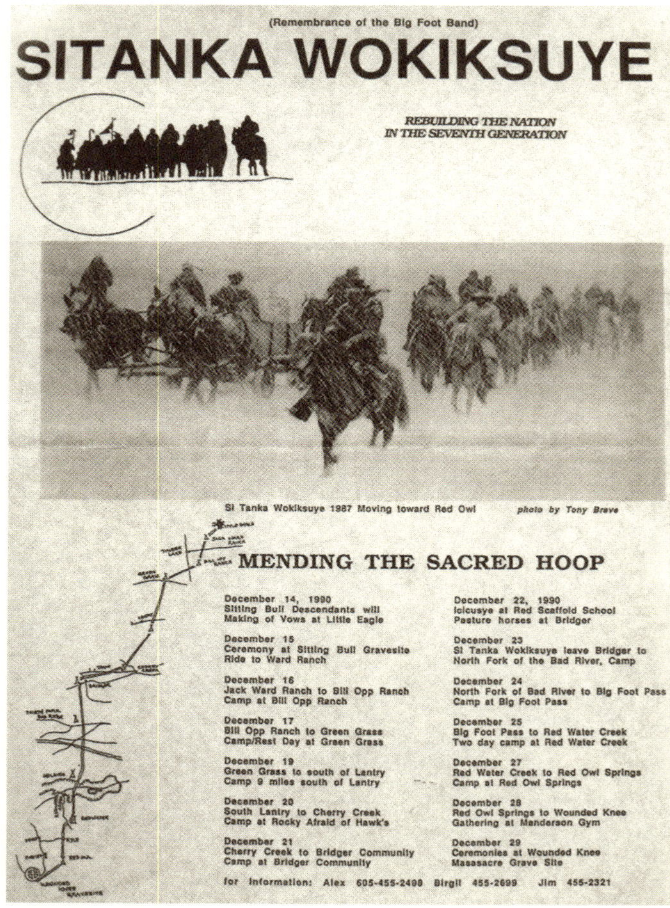

Die Geschichte zu diesem Buch begann mit einem Handzettel, den wir in einem indianischen Museum in Rapid City entdeckt hatten. Dick vermummte Reiter waren darauf zu sehen, die im Schneesturm durch die Prärie zogen. Die Hufe der Pferde wirbelten den Schnee auf. Irgendwie wirkte die Szenerie dramatisch und gleichzeitig faszinierend.

Wir recherchierten damals für unsere Dia-Vision *Auf den Spuren der Sioux* und lasen etwas von einem Ritt zum Gedenken an das Massaker von Wounded Knee. Zwei Wochen lang würden die Reiter durch die eisige Prärie ziehen, unterwegs campieren und am Wounded-Knee-Creek ihrer getöteten Vorfahren gedenken. Viel mehr wussten wir nicht, als wir zwei Jahre später wieder im Flieger nach South Dakota saßen.

Es war kurz vor Weihnachten. Wir erzählten unserem alten Freund Jack, dass wir diesen Gedenkritt begleiten wollten. »Vielleicht habe ich da jemanden für euch. Sein Ur-Ur-Großvater war Häuptling Big Foot, der Anführer der Indianer, die am Wounded Knee getötet wurden.«

Am nächsten Tag lernten wir ihn kennen: Leonard Little Finger – ein stattlicher Mann um die sechzig, seine schwarzgrauen Haare zu einem Zopf gebunden. Als Treffpunkt hatten wir die Loneman-Schule in Oglala auf der Pine-Ridge-Reservation vereinbart. Hier arbeitete Leonard als Lehrer für Indianische Geschichte und Kultur. Er saß hinter seinem Schreibtisch in einem schmucklosen Büro ohne Fenster und musterte uns. »Ihr wollt also etwas über Wounded Knee wissen.« Wir nickten und baten ihn um ein Interview. Dabei erzählte er uns von einem Plan.

»Vielleicht könnt ihr mir dabei helfen!« Wir horchten auf. Unmittelbar nach dem Massaker hätten Soldaten und Trophäensammler den toten Indianern zahlreiche Gegenstände wie Mokassins, Amulette und Pfeifen weggenommen. Häuptling Big Foot wurde sogar

eine Haarlocke abgeschnitten, die sich seitdem in einem Museum an der Ostküste befand. Jetzt wollte Leonard sie heimholen und damit eine heilige Zeremonie durchführen, die seit dem Massaker am Wounded Knee verboten war. »Dann endlich kann die Seele meines Ur-Ur-Großvaters Ruhe finden.«

Gleichzeitig ging es ihm aber auch darum, zu zeigen, wie wichtig Traditionen für das Überleben seines Volkes sind. Leonard dachte an einen Film, der die Zeremonie dokumentiert und mit dem er erklären könnte, wie bedeutsam die Vergangenheit für die Zukunft der Sioux ist. Er wollte sein Vorhaben ganz bewusst nicht mit Amerikanern umsetzen, sondern suchte jemanden von außen, der neutral berichten könnte. Klar, dass wir uns geehrt fühlten. Zurück in Deutschland fanden wir mit Hartmut Grawe und Gerald Krakauer zwei erfahrene Filmleute, die sofort bereit waren, uns zu begleiten.

Und so reisten wir mit Leonard nach Massachusetts, haben ihn in Oglala während der Zeremonie wieder getroffen und sind auch den Reitern gefolgt: zu Fuß, auf dem Pferd und mit dem Auto. Wir sammelten Bilder und Interviews.

In langen, teilweise sehr persönlichen Gesprächen erzählten uns die Lakota-Sioux ihre Geschichte. Mit diesem Buch möchten wir sie weitergeben und uns bedanken. Für die Offenheit, Herzlichkeit und ihr Vertrauen, das uns immer wieder beschämt und gleichzeitig ermutigt hat.

Manche Begriffe haben wir aus dem Englischen oder LAKOTA übernommen, weil es keine treffende deutsche Bezeichnung dafür gibt. Die Erklärung liefern wir im Text oder bei gekennzeichneten Worten im Glossar am Ende des Buchs.

München im Oktober 2003,

Dirk Rohrbach und Peter Hinz-Rosin

DIE WACHSZYLINDER

»Überall in den Büschen und Sträuchern um uns herum sind Gewehre auf uns gerichtet … «

Leonard kommt mit einem alten Karton aus seinem Trailer. An vielen Stellen wird die Schachtel nur noch mit Klebeband zusammengehalten. Wir setzen uns an den Camping-Tisch hinterm Haus. Behutsam holt er den Inhalt heraus. Kleine Papp-Rollen mit dem Aufdruck ›Original Edison Cylinder‹ und einem Porträt von Thomas Edison.
Der hatte die Wachszylinder im 19. Jahrhundert entwickelt. Noch vor der Erfindung des Grammophons und der Schallplatte waren sie die erste Möglichkeit Töne, Sprache und Musik aufzuzeichnen und wiederzugeben.
Insgesamt besitzt Leonard dreizehn Stück. Einige sind zerbrochen, die meisten aber scheinen noch gut erhalten …

REGISTERED IN THE PATENT OFFICE
COPYRIGHTED 1900 BY THE
NATIONAL PHONOGRAPH CO.,
ORANGE, N.J., U.S.A.
COPYRIGHTED 1900
THOMAS A. EDISON, INCORPORATED
ORANGE, N.J., U.S.A.
TRADE MARK
Thomas A. Edison

BLANKS

LEONARD LITTLE FINGER

Gut einhundert Jahre sind die alt … 1902 steht hier. Die müssen alle etwa so alt sein. Mein Vater hat sie vor über fünfzig Jahren von einem Mann bekommen, der keine Kinder hatte. Da sind Aufnahmen von Reden und indianische Lieder drauf. Vielleicht die ältesten überhaupt. Hier heißt es zum Beispiel ›McLaughlin‹. Wahrscheinlich meinen sie den Indianer-Agenten McLaughlin aus der Standing-Rock-Reservation. Er war verantwortlich für den Tod von Sitting Bull. Wenn man die abspielen würde, könnte ich das Lied übersetzen und wüsste, worum es geht. Aber leider habe ich kein Gerät dafür und weiß nicht was da alles drauf ist.

Auf dem hier steht ›Joseph No Water‹. Das ist der Sohn von Häuptling No Water, einem der Häuptlinge während der Zeit

der Geistertänze vor Wounded Knee. Sie haben den Geistertanz damals überall getanzt. Hier gab es ein Camp, das No-Water-Camp, wo man den Geistertanz abhielt.

Im November 1890 kam dann ein neuer Indianer-Agent nach Pine Ridge. Er reiste mit dem Wagen zu den Tänzern und befahl ihnen aufzuhören. Er hatte die Indianer-Polizei bei sich. Aber die Indianer-Polizisten erkannten, dass er sich im Moment nicht in der Position befand, Befehle zu erteilen. »Überall in den Büschen und Sträuchern um uns herum sind Gewehre, die auf uns gerichtet sind.«

Die Krieger hatten sich dort versteckt und zielten auf den Indianer-Agenten. Als auch er das erkannte, brach er die Diskussion sofort ab, drehte seinen Wagen um, und sie verließen Pine Ridge, so schnell sie konnten. Das war ein ziemlich bedeutsamer Zwischenfall, denn der Agent packte eilig seine Tasche und reiste noch in der Nacht weiter nach Rushville. Von dort telegrafierte er an die Dienststelle für Indianer-Angelegenheiten, dass sich die Indianer auf einen Krieg vorbereiteten. Sie tanzten sich mit dem Geistertanz in einen Rausch. Er verlangte sofort eine Truppenverstärkung. Das war im November. Und als die Truppen dann eintrafen, war dies das Vorspiel für das Wounded-Knee-Massaker …

DAS MASSAKER

»Sie erschossen wahllos Frauen und Kinder und Männer … «

Ein unscheinbarer Hügel irgendwo in der Prärie. Würde die Schrifttafel am Straßenrand den Platz nicht als historisch ausweisen, könnte man ihn leicht übersehen und einfach weiterfahren. Über zwei weißrote Steinsäulen spannt sich ein Metallbogen mit einem kleinen Kreuz. Der Eingang zum Friedhof. Ein Teil ist durch einen Zaun abgetrennt. Erst die eingravierten Namen auf dem Steinmonument in der Mitte deuten auf das Massaker, das hier im Dezember 1890 stattfand. Vom offiziellen Ende der Indianerkriege war damals die Rede. Kaum ein Ereignis in der Geschichte zwischen amerikanischen Ureinwohnern und weißen Einwanderern hinterließ mehr Spuren. Es ist Mahnmal, Symbol für Trauer und Unterdrückung. Fünfhundert schwer bewaffnete Soldaten gegen gut dreihundert ausgehungerte, erschöpfte und kranke indianische Kinder, Frauen und Männer.
Das Massaker fiel in die Zeit der mystischen Geistertänze, einer friedlichen religiösen Bewegung mit christlichen und schamanischen

Elementen. Ein selbsternannter indianischer Prophet versprach damals die unmittelbar bevorstehende Erneuerung der Welt. Familien würden mit ihren Verstorbenen vereint, die weißen Siedler würden verschwinden und die großen Büffelherden zurückkehren. Wenn sie sich in Trance tanzten, könnten die Indianer diese Erlösung beschleunigen, lehrte er und fand in den kargen Reservaten dankbare Anhänger. Wie ein Lauffeuer verbreitete sich der Geistertanz innerhalb nur weniger Monate.

US-Armee und Siedler befürchteten neue Eskalationen, sahen in den Tänzen Kriegsvorbereitungen, die sofort unterbunden werden mussten. Truppen wurden ausgesandt und die Häuptlinge aufgefordert, den Tanz zu stoppen. Sitting Bull galt damals fälschlicherweise als einer der Anführer der Geistertanz-Bewegung. Deshalb sollte er von der Indianer-Polizei verhaftet werden. Am 15. Dezember 1890 umstellten die Polizisten sein Camp auf der Standing-Rock-Reservation in South Dakota. Es kam zu einer Schießerei, bei der der berühmte Anführer der Sioux getötet wurde. Seine Gefolgsleute flohen und schlossen sich der Gruppe von Häuptling Big Foot an. Am 28. Dezember 1890 wurden sie von der 7. US-Kavallerie eingeholt und zum Wounded-Knee-Creek eskortiert …

LEONARD LITTLE FINGER

Es gibt immer zwei Seiten zu jeder Geschichte.

In den Büchern gilt Wounded Knee als der letzte Konflikt zwischen den Indianern des nordamerikanischen Kontinents und der weißen Gesellschaft, die sich damals mehr und mehr durchsetzte.

Die Geschichte sieht die Verantwortung für das Wounded-Knee-Massaker bei den Leuten von Big Foot selbst. Das basiert auf einem offiziellen Dokument, das ein Colonel Forsyth ungefähr einen Monat nach Wounded Knee geschrieben hat.

Sie sagen, der erste Schuss wurde von den Lakota abgefeuert, und danach wurden fünfzig Salven auf die Soldaten geschossen, so dass sie sich verteidigen mussten. Also schossen sie zurück, um sich zu schützen. Weiter heißt es in dem Dokument, dass die Lakota ihre Toten selbst zu verantworten haben.

Wegen dieses offiziellen Dokumentes hat niemand jemals eine Entschädigung erhalten. Das zieht sich durch die ganze Militärgeschichte. Niemals sind die Vereinigten Staaten während einer Schlacht oder eines Konfliktes irgendwelcher Fehltaten für schuldig befunden worden.

Das ist die eine Seite. Die andere Perspektive ist die meines Großvaters Joseph Horn Cloud. Er verstand Englisch und in dieser Nacht, am 28. Dezember, als sie zum Wounded Knee gebracht wurden, mischte er sich unter die Soldaten. Später schrieb er, dass er beobachtete, wie die Soldaten tranken. Es gab da einen Ladenbesitzer aus Pine Ridge, der ein Fass Whiskey rausbrachte, und die Soldaten tranken die ganze Nacht. Mein Großvater erzählte seinem Vater, dass die Soldaten, während sie tranken, darüber sprachen, was die Lakota der 7. Kavallerie unter General Custer am LITTLE BIG HORN angetan hatten, und dass die Zeit für Rache gekommen war. Er sagte seinem Vater, dass es für die Familie und die Gefolgsleute am nächsten Tag gefährlich werden könnte. Und so kam es auch.

Also scheint es aus unserer Sicht, dass alles geplant war. Und Alkohol war der Nährboden für das irrationale Verhalten der Soldaten am nächsten Tag.

Die Leute wurden vor den Soldaten aufgereiht, auch mein Großvater John Little Finger. Im Alter von fünfzehn wurde er als Krieger betrachtet und gezwungen, sich vor die Soldaten in eine Reihe zu stellen. Der Übersetzer der Soldaten sagte, dass jeder erschossen wird, der aus der Reihe tritt oder die Gruppe, die nach Pine Ridge gebracht werden sollte, verlässt. Und er demonstrierte das.

Mein Großvater beobachtete, wie dieser Übersetzer einen Befehl oder ein Kommando schrie. Er sah, wie einer der Soldaten eine Patrone in sein Gewehr lud. Mein Großvater rannte zu diesem Soldaten und stieß ihn zu Boden. Dann gab es noch ein Kommando und sofort brach Gewehrfeuer los. So heftig, dass man nichts mehr sehen konnte wegen des Rauchs aus den Gewehren.

Als mein Großvater aufstand, suchte er Schutz, rannte zu einer Schlucht und wurde von hinten getroffen. Die Kugel ging durch seine Wade. Er sagte, es fühlte sich an, als ob ihn jemand mit der Axt getroffen hätte. Er stürzte, stand auf, rannte weiter und eine zweite Kugel riss ihm die Ferse weg. Er stürzte erneut, war aber nah genug an der Schlucht und rollte sich hinunter.

Bureal of the Dead
at the Battle of Wounded Knee S.D.
Copy Righted Jan 1st 1891 by the
North Western Photo Co
Chadron Neb
No 1

Sie erschossen wahllos Frauen und Kinder und Männer. Niemand weiß genau, wie viele Leute in der Gruppe waren. Aber meinen Informationen nach wurden zweihundert Frauen und Kinder massakriert und ungefähr neunzig Krieger oder Männer. Es waren also ungefähr 290 Menschen, die in unmittelbarer Nähe des Camps massakriert wurden. Und dann gab es noch andere, die man gejagt hatte. Im Umkreis von zwei Meilen wurden Leichen gefunden, Leichen von Frauen und Kindern.

Andere konnten angeschossen fliehen, behandelten sich selbst und überlebten. Manche Wunden wurden aber nicht versorgt und die Verletzten starben daran. Aus einer Gruppe von schätzungsweise vierhundert Menschen konnten etwa fünfundsiebzig fliehen, von denen nur wenige unverletzt blieben.

Viele der Toten waren Blutsverwandte. Sechsundzwanzig aus meiner Familie mütterlicher- und väterlicherseits waren am Tag des Massakers am Wounded Knee. Und von diesen sechsundzwanzig konnten sieben fliehen, meine beiden Großväter John Little Finger und Joseph Horn Cloud eingeschlossen. Aber sie verloren ihre Familien. Manche lagen dort und litten vielleicht noch unter Qualen.

Mein Großvater John wurde von Leuten gerettet, die ihn auf ein Pferd setzten und zur Holy-Rosary-Mission brachten, etwa fünfzehn Meilen von Wounded Knee entfernt. Dort behandelte man seine Wunden und schickte ihn noch in der Nacht wieder weg. Er versteckte sich in einem Tal für drei Monate, bis zum Frühjahr. Und dann kam er hierher in diese Gegend, lernte meine Großmutter kennen und gründete eine Familie auf diesem Stück Land.

Er sprach sehr wenig über das Wounded-Knee-Massaker. Aber ich verstehe das. Wenn du diesen ganzen Horror siehst, die Zerstörung, das Töten der Frauen, Kinder und Männer und du musst damit leben, dann wirst du darüber nicht viel reden.

Aber es gibt eine sehr wichtige Lektion, die ich mit euch teilen möchte. Eines der schwierigsten Dinge für uns als Menschen ist, vergeben zu können. Und mein Großvater, der seine gesamte Familie verloren hatte, dessen Zukunft komplett zerstört wurde, überlebte die akuten Verletzungen, die körperlichen Wunden. Und dann kam er auch über die seelischen Verletzungen hinweg. Er schloss Frieden mit sich. Wakan Tanka oder Gott hat uns ein Gesetz gegeben. Dazu gehört die Fähigkeit zu vergeben. Wenn dir jemand etwas antut, sagen wir sofort: »Ich will Vergeltung.« Und wenn wir das erreicht haben, dann sind wir zunächst rein äußerlich befriedigt. Viel tiefer aber ist es, zu vergeben. Und das ist vielleicht die wichtigste Lektion, die mein Großvater mir mitgegeben hat.

DER RITT

»Wir müssen die Tränen der Trauernden trocknen … «

Es ist der 15. Dezember. Ein grauer, bitterkalter Morgen im Nirgendwo. Wir stehen am Ufer des gefrorenen Grand River. Eine Hand voll dick vermummter Reiter überquert den Fluss, an dem Sitting Bull bis zu seinem Tode campierte. Unweit steht eine Steintafel, die die tragischen Ereignisse zusammenfasst, die sich hier auf den Tag genau im Jahr 1890 ereignet hatten.

Die Indianer-Polizei war damals gekommen, um den legendären Anführer der Sioux festzunehmen, weil er sich angeblich weigerte, den Geistertanz zu stoppen. Dabei kam es zu einer Schießerei, bei der Sitting Bull getötet wurde. Ein Teil seiner Anhänger floh und schloss sich Häuptling Big Foot auf seinem Weg nach Pine Ridge an. Zwei Wochen später eskalierte die Gewalt am Wounded Knee. Ein Ereignis, das die indianischen Völker bis heute geprägt hat. Für sie wurde am Wounded Knee der Heilige Kreis des Lebens zerschlagen.

Vor Jahren hatten dann einige Lakota-Sioux die Vision einer Zeremonie, die die Trauer beenden und das Volk wieder heilen sollte. Diese Zeremonie war der ›Big-Foot-Memorial-Ride‹, an dem sich 1990 über dreihundert Reiter beteiligten. Birgil Kills Straight und Alex White Plume aus der Pine-Ridge-Reservation organisierten damals den Ritt …

BIRGIL KILLS STRAIGHT

1968 hatte ich einen Traum, den ich nicht vergessen konnte. Er kam immer wieder und ich fragte meinen Vater deswegen. Und der sagte, wir sollten die Geister oder Medizinmänner befragen, dann können sie interpretieren, was er bedeutet.

Aber bevor wir die Gelegenheit dazu bekamen, starb mein Vater. 1982/83 kam dann der Traum wieder. Und diesmal ging ich zu einem Bruder, der Medizinmann ist, und befragte ihn. Wir machten eine Zeremonie. Die Geister kamen und sagten uns, was es bedeutete. Uns wurden zehn Adlerfedern gegeben, die meine Frau und ich an einem STAFF befestigen sollten.

Ich erzählte Alex White Plume irgendwann davon und was ich vorhatte. Er war sehr aufgeregt, weil er einen sehr ähnlichen Traum hatte. Ich kontaktierte auch meine Cousine Celine, eine Enkelin von Iron Hail. Er und mein Großvater White Lance waren Brüder, zwei Überlebende von 1890. Und meine Cousine Celine begann zu weinen, weil auch sie einen ganz ähnlichen Traum hatte. Wir machten noch eine Zeremonie, und dabei gaben sie uns den Staff, der uns sagen würde, was wir tun sollten. So fing 1986 alles an mit dem ›Big-Foot-Memorial-Ride‹.

Vier Jahre lang mussten wir uns reinigen und im fünften Jahr sollten wir die ›Wiping-of-the-Tears-Ceremony‹ machen, die Tränen der Trauernden trocknen. Diese Zeremonie gab es immer schon, aber sie wurde niemals in einer Gruppe oder ganzen Nation abgehalten.

Ich habe ein wenig recherchiert, habe viele Bücher gelesen. Und aus all dem haben wir stückweise die Ziele des Rittes zusammengefügt.

Wir widmen den ersten Tag der Zukunft. Wir sind nur Träger und wir borgen nur von den Kindern. Und die Kinder werden einen Platz haben. Sie werden Liebe finden und einen Platz in unserer Gesellschaft, wie es ihnen zusteht. Aber 1986 und davor gab es nichts, keine Programme. Nur wenig wurde getan, um den Kindern zu helfen.

Den zweiten Tag widmen wir den Alten, den Leuten, die unsere Kultur und das Verständnis der Sprache in die heutige Welt tragen.

Am dritten Tag gedenken wir den Menschen, die körperlich krank sind, und denen, die emotional und geistig krank sind durch die vielen Dinge, die ihnen passierten.

Den vierten Tag opfern wir den Leuten, die im Gefängnis sind. Viele unserer Brüder und Schwestern waren hinter Gittern – nur wegen der Farbe ihrer Haut. Und wir beten an diesem Tag auch für die Leute, die in der Gesellschaft gefangen sind. In der Gesellschaft, die diesen ganzen Genozid an uns macht.

Den fünften Tag widmen wir den Frauen. Unsere Sprache, unser Verständnis der Schöpfung und der heiligen Dinge sind dabei mit eingeschlossen. Aber wir haben das nicht erkannt. Wenn wir also wieder anfangen, auf unsere Sprache zu schauen, erkennen wir, was wir versäumt haben und was passieren muss, um uns wieder

zu finden. Wir widmen diesen Tag aber nicht nur den Frauen, sondern auch dem größten Lebensspender von allen – der Erde, von der wir alle kamen.

Den sechsten Tag widmen wir allen Lakota. Durch Ideologien, Philosophien und Politik wurden sie geteilt, diese ganze Nation wurde geteilt. Und noch mal, wir Lakota wollen keinen Krieg, wir wollen keine Gewalt mehr.

Am siebten Tag beten wir für die Leute die helfen, und wir beten für alle Naturvölker und eingeborenen Völker auf der ganzen Welt. Die industrialisierte Welt scheint Kontrolle zu haben über die ganze Welt, zerstört den Regenwald und die Menschen, die dort leben.

Wir mussten loslassen, uns der Vergangenheit stellen. Und zurückgehen und verstehen, wer unsere Vorfahren waren und was wir brauchen, um weiter zu gehen. Und was nötig ist, um unser Volk, unsere Familien, unsere Nation wieder aufzubauen. Darum war Wounded Knee für mich so wichtig.

Nach einem Buch von Black Elk endete der Lebenskreis hier, er wurde zerschmettert. Und nach den Prophezeiungen müssen wir von diesem Punkt aus unsere Nationen wieder aufbauen, mit dem Trauma umgehen, uns selbst heilen und weiter neue Ideen und Programme für unser Volk entwickeln.

Birgil Kills Straight war unser erster Kontakt, als wir uns über den Gedenkritt informieren wollten. Immer wieder hatten wir versucht, ihn telefonisch zu erreichen, um Genaueres zu erfahren. Gab es diesen Ritt überhaupt noch? Waren wir als Weiße willkommen? Wie verlief die Route? Aber alle Telefonate blieben zunächst ergebnislos. Birgil war nicht erreichbar.

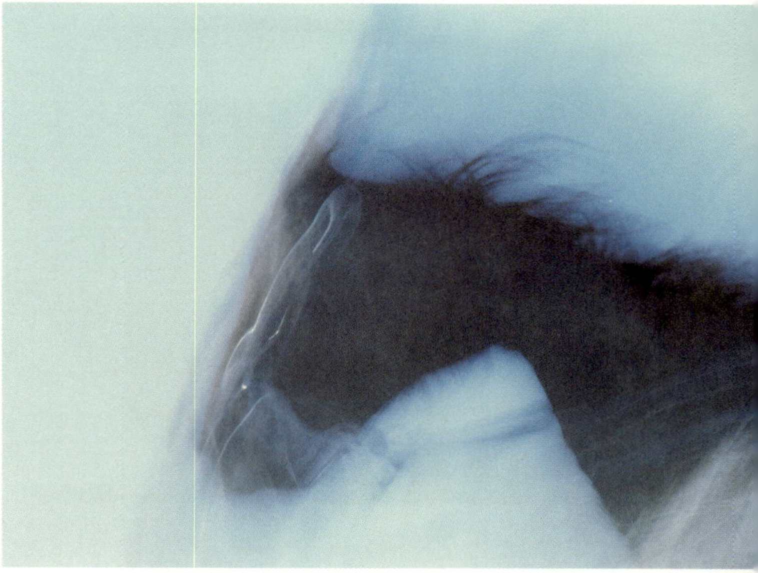

Viele Wochen vergingen, bis wir ihn endlich sprechen konnten. Er erzählte uns, dass der Ritt zwar eigentlich abgeschlossen sei, einige junge Reiter würden aber die Tradition fortsetzen und einen Jugendritt organisieren. Karen Ducheneaux aus der Cheyenne-River-Reservation sei eine Ansprechpartnerin. Mehr wisse er nicht.

Wir recherchierten weiter und kamen auf Umwegen schließlich an ihre Telefonnummer. Karen lud uns sofort ein, am Jugendritt teilzunehmen. Es habe sich nicht viel verändert und eine helfende Hand im Begleittross der Reiter sei immer gefragt.

Unsere erste Begegnung mit Alex White Plume verlief sehr viel unkomplizierter. Wir waren 1997 auf Einladung des Gouverneurs von South Dakota mit einer kleinen Gruppe von Journalisten unterwegs. Eine Werbe-Tour für den Bundesstaat: Mount Rushmore, die BLACK HILLS *und Büffel im Custer-State-Park. Und natürlich einen echten Indianer.*

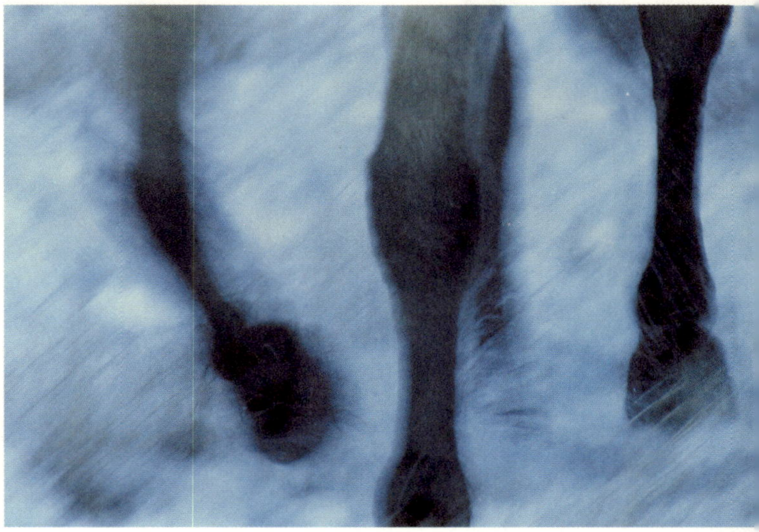

Mark Kayser vom Tourismusverband hatte alles perfekt organisiert. Alex erwartete uns auf seinem Stück Land inmitten der Reservation und zeigte stolz sein Tipi-Camp, zu dem bevorzugt Europäer kamen. Irgendwann erwähnte er auch den Gedenkritt. Jahre später trafen wir ihn wieder.

ALEX WHITE PLUME

Ich ging damals zu einer Zeremonie und der Medizinmann sagte mir, dass ich das tun müsste. Ich sagte: »Nein.« Ich kam gerade von der Armee aus Berlin zurück, war in der Infanterie. Ich marschierte 80 000 Meilen in fünf Jahren. »Nicht einen Schritt werde ich mehr gehen.« Und jetzt kommt er und sagt mir bei der Zeremonie, dass ich das tun müsste: nach Wounded Knee reiten auf dem Pferd. Die Spur von Häuptling Big Foot aufnehmen. Und er gab uns nur ein paar sehr einfache Anweisungen. Er sagte, wir müssten es vier Jahre als Zeremonie machen, als Gebet. Und im Gebet schaust du auf dich, suchst dich. Findest heraus, wer du bist. Und im vierten Jahr wirst du dich selbst finden. Im fünften Jahr erzählst du es der Welt, dass die Lakota noch immer hier sind, dass es unsere Sprache noch immer gibt.

Und so machten wir es. Am 23. Dezember verließen wir Bridger, South Dakota, in der Eagle-Butte-Reservation. Und wir ritten zurück nach Wounded Knee. Für fünf Jahre ritten wir, schauten niemals zurück. Im ersten Jahr gab es nur neunzehn, die mitgemacht haben. Im zweiten Jahr waren es 36, im dritten Jahr 85 und im vierten Jahr 175. Im letzten Jahr waren es dann 325, die mitritten. Das deckt sich mit der Zahl der Toten, die 1890 am Wounded Knee starben. So viele Leute wurden damals getötet.

DIE ÜBERGABE

»Es war eine Reise über hundert Jahre, aber die Reise kommt nun zu einem guten Ende … «

Die Maschine aus Denver hat über fünf Stunden Verspätung. Erst gegen 22 Uhr landen Leonard und seine Begleiter in Boston. Richard Broken Nose, Johnson Bear Robe und vier junge Mädchen. Cindy, Lisa, Jessie und Lucy. Wir sind schon seit zwei Tagen hier und empfangen sie zusammen mit Michael, einem Lehrer, der einige Jahre auf der Pine-Ridge-Reservation unterrichtet hat und jetzt mit seiner Familie in der Nähe von Boston lebt. Bei ihm bleiben wir über Nacht und wollen morgen früh gemeinsam nach Barre, Massachusetts, fahren.
In dem verschlafenen Nest wird seit vielen Jahrzehnten die Haarlocke von Häuptling Big Foot aufbewahrt. Ein Schuhhändler hatte sie dem Museum seiner Heimatstadt vermacht, zusammen mit weiteren indianischen Gegenständen. Vor dem alten Backsteingebäude wartet eine Schar Menschen. Leonard bedankt sich …

LEONARD LITTLE FINGER

Ich möchte den Verwaltern des Museums der Bücherei von Barre danken, dass sie uns die Möglichkeit gegeben haben, dieses Haar mit zurück zu nehmen. Mit der größten Dankbarkeit möchte ich ihnen im Namen der Familien von Häuptling Big Foot danken. In Lakota sagen wir: »Wopila«, das heißt Danke.

Wir kommen aus dem Land der Lakota. Ich bin der Ur-Ur-Enkel von Häuptling Big Foot. Und die Mädchen hier sind die fünfte, sechste und siebte Generation von Häuptling Big Foot, seine Enkelinnen. Sie repräsentieren die Reinheit aller Menschen.

Diese Mädchen und die Jugend aller Völker stehen für die Art und Weise, wie wir unsere kommenden Generationen führen sollen. Damit wir alle in Harmonie und Frieden leben können. Wir kamen über 2000 Meilen hierher. Es war eine Reise über hundert Jahre, aber die Reise kommt nun zu einem guten Ende. Wir danken den Verwaltern des Museums der Bücherei und den Menschen in Barre dafür, dass sie diese Gegenstände auf eine heilige und besondere Art bewahrt haben.

Wir kommen in guter Absicht, in Freundschaft. Sie haben uns ermöglicht, zur physischen Welt von Häuptling Big Foot zurück zu kehren, die ich hier in meinen Händen halte, und sie mit der spirituellen Welt zu verbinden. Wir wurden von Gott geschaffen, wir alle, egal welche Farbe unsere Haut trägt. In unseren Adern fließt das rote Blut unserer Vorfahren. Und wenn wir nach Oglala, South Dakota, zurückkehren, kehren wir mit unserer Zeremonie zurück zum Enkel von Häuptling Big Foot, der mit seinem Großvater beim Massaker von Wounded Knee war. Wir kehren zu dem Platz meines Großvaters zurück. Dieser Platz wurde vorbereitet, um die physische Welt von Häuptling Big Foot zu empfangen. Wir werden dort vier Tage lang Zeremonien durchführen. In unseren Zeremonien werden die Gebete allen Menschen gelten, besonders den eingeborenen Menschen, den indigenen Menschen.

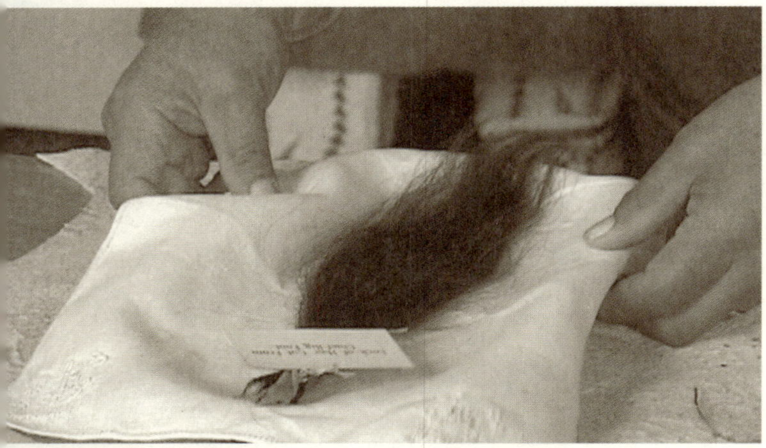

Sie mussten viele, viele Ungerechtigkeiten erleiden und kämpfen jetzt immer noch, um ihre Identität und ihre Lebensweise zu bewahren.

Wir beten auch, dass unsere Kinder eine bessere Ausbildung bekommen, eine bessere Gesundheit und ein besseres Leben durch Arbeitsplätze. Es geht nicht um Finanzhilfen durch die Regierung, darum bitten wir nicht. In den vier Tagen werden wir auch für euch beten. Und am Ende der vier Tage wird der physische Teil von Häuptling Big Foot mit dem spirituellen vereint.

Wir betreten das Gebäude. Leonard schüttelt den Vertretern des Museums die Hand. Feierlich wird er in den Nebenraum geführt. Ein kleines Bündel liegt bereit. Die Leiterin des Museums überreicht ihm mit wenigen Worten das wertvolle Päckchen. Leonard bedankt sich leise und öffnet vorsichtig das Stofftuch, in das die Haarlocke eingewickelt ist. Angespannte Stille erfüllt den kleinen Raum in der Bücherei. Vorsichtig legt er das Haar seines Ur-Ur-Großvaters auf ein Bündel Salbei und verschließt es sorgsam in einem Stück Hirschleder. Eine Odyssee geht zu Ende. Hundertzehn Jahre nach dem Massaker von Wounded Knee, hundertzehn Jahre nachdem Souvenirsammler dem toten Big Foot eine Haarlocke abgeschnitten hatten, erhält seine Familie die letzten sterblichen Überreste des Häuptlings zurück.
Hartmut filmt den entscheidenden Moment, ich fotografiere. Als wir zu Hause die Dia-Filme entwickeln, stellen wir zu unserem Entsetzen fest, dass der Blitz nicht richtig funktioniert hat: alle Bilder der Übergabe hoffnungslos unterbelichtet. Wir sind enttäuscht. Ein einmaliger Augenblick scheint verloren. Aber wir müssen auch an die Worte von Richard Broken Nose denken. Als Heiliger Mann der Lakota ist er schon öfter um ein Interview gebeten worden, und in den allermeisten Fällen war die Aufnahme hinterher nicht zu gebrauchen. Eine plausible Erklärung ließ sich nicht finden. Vielleicht sollen manche Dinge nicht sein, warum auch immer. »It's the spirits« – die Geister sind schuld. Ärgerlich ist es trotzdem. Die nebenstehenden Bilder sind dem tadellosen Videoband entnommen.

Auf dem Vorplatz zum Museum spricht Richard ein Gebet in Lakota. Dann bedankt sich die Delegation aus Oglala bei den Anwesenden. Einige Vertreter der nahen Nipmuc-Reservation sind gekommen. Sie laden uns ein zu einer Pfeifenzeremonie auf das kleine Stück Land, das ihnen geblieben ist. Kaum größer als ein Fußballfeld.
Wir bilden einen Kreis um das Bündel mit der Haarlocke, das vor einer Feuerstelle am Boden liegt. Leonard reicht die Heilige Pfeife herum. Anschließend setzen wir uns unter das dichte Blätterdach der umstehenden Bäume und reden über die letzten Stunden …

RICHARD BROKEN NOSE

Nun, ich fühle mich ziemlich gut, entspannt. All die Jahre haben meine Erlebnisse ziemlich schwer auf mir gelastet. Aber heute fühle ich mich, als ginge ich ganz leicht und glücklich. Mein Herz, es ist gut. Und so wird es auch bleiben von jetzt an. Die Generationen, mein Volk, unsere Leute überall im Universum – wir fühlen uns erlöst.

MILLY McCULLEN, NIPMUC

Ich denke, für mich war der emotionalste Teil, als wir auf die Haarlocke geschaut haben, weil ich viele, viele Gefühle hatte. Schmerz und Wut, Gefühle von Traurigkeit. Aber ich hatte auch Gefühle des Glücks. Weil dieser Mensch jetzt zur Ruhe kommen kann. Was für eine Ehre, ihn und viele Generationen seiner Familie bei uns zu haben. Und dass mein Volk daran teilhaben konnte.

Wir sind alle ein Volk. Unser Blut ist rot, unsere Haut mag verschieden farbig sein und wir mögen unterschiedlich aussehen. Aber wir sind alle eins, weil wir Menschen vom Schöpfer sind. Wir müssen uns um Mutter Erde kümmern, sie respektieren und wir müssen einander respektieren.

LEONARD LITTLE FINGER

Meine erste Reaktion, als ich das Haar sah, ich fühlte mich gestärkt. Ich fühlte mich gut. Die Traurigkeit ist natürlich ein Teil davon. Aber vor allem, die Möglichkeit zu haben, sich damit zu verbinden, mit meinem Blut, meinem Großvater, meinem Ur-Ur-Großvater, das ist ein unglaublich glückliches Gefühl, das ich habe. Und wenn wir die Gebete zurückschicken, werden wir uns auf eine spirituelle Art stärken.

DER HÜTER DER HEILIGEN PFEIFE

»Wenn ich reite, bete ich für Frieden … «

Heute ist der dritte Tag des Rittes. Der Schnee auf den sanften Hügelketten glitzert im Sonnenschein. Peter und ich folgen den Reitern zu Fuß durch die weite Prärie. Gut fünfundzwanzig Kilometer sind es bis Green Grass. Kein Vergleich zu dem, was buddhistische Nonnen beim Ritt 1990 geleistet haben. Sie waren die gesamte Strecke bis Wounded Knee gelaufen, gut 350 Kilometer.
Stunden nach den Reitern erreichen wir Green Grass. Bei einer heißen Suppe im Haus von Arvol Looking Horse wärmen wir uns auf. Arvol ist der Hüter der Heiligen Pfeife, die der Legende nach die Weiße Büffelkalbfrau den Lakota gebracht hat. Seit vielen Generationen wird die Pfeife in seiner Familie aufbewahrt. Arvol gilt als zentrale Figur des Rittes und wir wollen unbedingt mit ihm sprechen. Aber er gibt uns mehrfach zu verstehen, dass nicht der richtige Zeitpunkt für ein Gespräch ist. Als wir Tage später mit den anderen Reitern zur nächsten Etappe aufbrechen wollen, kommt Arvol plötzlich zu uns. Jetzt sei ein guter Moment zum Reden …

ARVOL LOOKING HORSE

Ich war 1986 zu Hause, als Birgil ein paar Leute hierher schickte. Sie brachten mir eine Canupa, eine Pfeife, die er mitnehmen wollte auf den Ritt. Ich musste zu der Zeit einige Zeremonien machen und konnte nicht teilnehmen. Und so begann ich erst 1987 und wurde der spirituelle Führer des Rittes nach Wounded Knee. Und seit dieser Zeit trage ich die Federhaube.

Wie er der Hüter der Heiligen Pfeife wurde …

Das Heilige Bündel mit der Pfeife wurde von Generation zu Generation weitergeben in unserer Familie. 1966, als ich zwölf Jahre alt war, starb meine Großmutter. Wir hatten eine Zeremonie, bei der unsere Ahnen mit uns Verbindung aufnahmen. Sie gaben uns eine Botschaft, und damals wurde ich als nächster Hüter ausgewählt.

Mein Vater hatte großen Einfluss in meinem Leben. In jungen Jahren beteten wir jedes Jahr an heiligen Plätzen. Ich erinnere mich an einen Platz mit einem Fels in North Dakota. Er ging dorthin und betete mit seiner Canupa. Und ich stand da und passte auf, weil wir eigentlich nicht dort sein durften. Aber das war ihm egal, weil er sagte, dies sei ein sehr heiliger Platz und eines Tages würden die Menschen das erkennen.

Um zu all den heiligen Plätzen zu kommen, brauchten wir damals eine Genehmigung. In meinen jungen Jahren durften wir also unsere Zeremonien nicht öffentlich praktizieren, aber wir taten es trotzdem. Und ich erinnere mich, dass ein ELDER sagte: »Jetzt ist es sehr schwer für uns, an den heiligen Stätten zu beten. Aber in den nächsten sieben Generationen, nachdem wir die große Zeremonie am Wounded Knee gemacht haben, wenn wir ins nächste Jahrtausend gehen, dann werden wir die Schlüsselfiguren sein. Weil wir unsere Zeremonien intakt gehalten haben. Wir werden die Schlüsselfiguren sein in der Welt, um den Menschen Frieden zu bringen und Harmonie mit Mutter Natur.«

Wie die Weisse Büffelkalbfrau den Lakota die Pfeife brachte

Ich möchte mit euch die Geschichte der Weißen Büffelkalbfrau teilen.

Zuallererst gab es die Großväter, die Stein-Menschen, die Fels-Nation und dann, als zweite Schöpfung, gab es das Wasser des Lebens. Die dritte Schöpfung war die Energie des Lebens, die zum Geist wurde. Und dann formten sich alle anderen Geister selbst. Das ist unsere Schöpfungsgeschichte.

Wir sagen, dass die Black Hills das Herz von allem sind, was es gibt. Es war einmal eine Zeit als die Zweibeiner und die Vierbeiner ein Rennen um die heiligen Black Hills machten. Und die Zweibeiner siegten über die Vierbeiner. Deswegen nutzen wir die Büffel als Nahrung. Und viele sagen: »So wie der Büffel ist, sind auch wir Menschen und wie der Mensch ist, so ist auch der Büffel.«

Dann sagte der Büffel, die Büffel-Nation solle dem Büffel folgen und die Menschen taten das in Ehrfurcht. Aber schon bald hatte das keine Bedeutung mehr und der Büffel verschwand und alle anderen Tiere verschwanden auch.

Die Büffel sind heilig und als sie verschwanden, sandten die Menschen zwei Scouts aus. Sie wanderten den ganzen Tag. Eines Tages blickten sie von einem Hügel um sich und entdeckten nirgendwo einen Büffel. Von Westen aber sahen sie etwas kommen. Sie waren erschöpft und setzten sich. Was da kam, war eine wunderschöne Frau, die ein Bündel trug.

Ein Scout sagte: »Sie ist eine schöne Frau. Ich weiß nicht, warum sie noch allein ist. Sie ist sehr schön, ich muss sie zu meiner Frau machen.« Und der andere Scout sagte: »Sie muss eine Geisterfrau sein, weil die Menschen um Hilfe gebeten haben.« Und während sie so sprachen, kam die Geisterfrau, schaute beide an und wusste, was sie dachten. Sie zeigte auf den mit den schlechten Gedanken und ging auf ihn zu. Er erhob sich, näherte sich ihr und eine Wolke hüllte beide ein. Sein Freund hörte Lieder und als sich die Wolke verzog, war der andere nur noch ein Skelett. Und sie blickte auf ihn und sagte: »Geh zurück und sag den Menschen, was du gesehen hast. Sag ihnen, dass ich mit dem heiligen Bündel zurückkehren werde.« Er dankte ihr und ging zurück.

Am nächsten Tag hatten die Menschen ein Tipi mit Salbei vorbereitet, versammelten sich und sie kam am Mittag. Sie sang ein paar Lieder, legte das Bündel ab und darin war die Canupa. Sie sagte: »Dieser rote Stein ist das Blut der Menschen und dieser Schaft repräsentiert die Wurzel-Nation.« Wir stecken beide nur zusammen, wenn wir beten wollen. Zu den Großvätern der vier Himmelsrichtungen, zum Großen Geist und Mutter Erde.

Dann verschwand sie, ging zum Gipfel des Hügels und änderte ihre Farbe vier mal. Zuerst schwarz, dann rot, gelb und weiß. Dann verschwand sie über den Hügel als weißes Büffelkalb. Deswegen nennen die Menschen sie die Weiße Büffelkalbfrau. So wurde mir die Geschichte erzählt und ich bin in der 19. Generation

der Hüter der Heiligen Pfeife. Sie wurde uns westlich von hier zwischen unserem Land und den Heiligen Black Hills gebracht.

Mitakuye Oyas'in

Das kürzeste Gebet, bevor wir reden und nachdem wir sprechen und loben, ist Mitakuye Oyas'in, alle unsere Verwandten. Es bedeutet, wir sind alle miteinander verbunden. Wir sind alle verbunden mit Mutter Erde, wir sind alle verwandt mit den Zweibeinern, Vierbeinern und sogar unter der Erde gibt es Verwandte in dieser Nation hier. Dieser Schaft der Pfeife repräsentiert sie.

Die Canupa kommt vom Baum des Lebens. Es gibt so viel mächtige Energie auf Mutter Erde, die wir respektieren müssen. Das versuchen wir zurückzubringen und den Menschen zu sagen.

Wir als spirituelle Führer müssen das Gleichgewicht halten. Das hat uns die Weiße Büffelkalbfrau vor neunzehn Generationen gesagt. Sie brachte die Heilige Canupa und sagte: »Ihr werdet auf Mutter Erde in heiliger Weise gehen und ihr werdet eure Verwandten kennen, die Zweibeiner, die Vierbeiner, die mit Flügeln.«

Die ›Wiping-of-the-Tears-Ceremony‹

1990 hielten wir die Zeremonie am Wounded Knee ab. Viele Verwandte haben aber daran nicht teilgenommen. Es gibt so viel Hass und Streit und Mord. Aber die Zeremonie bringt Heilung. Wenn du die Zeremonie machst, die ›Wiping-of-the-Tears-Ceremony‹, musst du die Wut, den Hass, den Neid und die ganzen bösen Gedanken loslassen. Aus Hass verletzen wir Menschen, wir missbrauchen sie. Darum geht es also in der Zeremonie, um Heilung, einander als Brüder und Schwestern zu helfen und Liebe zu finden. Man nennt es, den Heiligen Kreis heilen. Darum geht es bei diesem Ritt.

Wir versuchen, als Nation zu heilen, und wir bitten viele Menschen um Hilfe, das in die ganze Welt zu tragen. Weil die ganze Welt viel Heilung braucht. Wenn all die Menschen heute die Zeremonie verstehen würden, gäbe es Frieden und Harmonie auf Mutter Erde. Das ist unsere Botschaft.

Auf dem Ritt …

Wenn ich reite, bete ich für Frieden. Es macht mich traurig, daran zu denken, mit wieviel Schmerz wir heute leben: wenn Familien kein Heim haben, wenn alte Menschen geschlagen werden, wenn Kinder geschlagen werden. Ich sehe viel Wut und Hass, viel Chaos, Probleme in der Zukunft und ich hoffe, diese spirituelle Zeit – die Zeremonie – kann uns für unsere Zukunft helfen.

DIE ZEREMONIE

»Wir schauen nicht mehr nur auf die Vergangenheit. Wir werden uns immer daran erinnern, aber wir schauen jetzt in die Zukunft und auf die positiven Dinge … «

Wir sind zurück in Oglala auf dem Stück Land, auf dem Leonards Großvater John Little Finger nach dem Massaker ein neues Leben begann. Blitze zucken in der Ferne, der Donner grollt. Dramatischer hätte der Beginn der Zeremonie nicht inszeniert werden können. Unweit des alten Blockhauses sind drei Tipis aufgestellt. Leonard trägt das Bündel mit der Haarlocke und führt die Angehörigen ins größte Zelt. Sein adoptierter Enkel Chuck spielt mit seiner DRUM GROUP *ein Lied, das er für Häuptling Big Foot geschrieben hat …*

CHUCK BENSON

ÜBER DEN SITANKA-SONG

Die Worte bedeuten, dass Häuptling Big Foot ein guter weiser Führer war, aber die Soldaten fürchteten ihn. Er wollte Frieden, aber das wussten sie nicht.

Sie hatten Angst, weil zu dieser Zeit einige Lakota-Gruppen in den Geistertanz verwickelt waren. Zu jener Zeit, in den späten Jahren des 19. Jahrhunderts, dachten die weißen Siedler und die Armee, jedes Mal wenn Indianer tanzen, gehen sie auf den Kriegspfad, wie sie es nannten. Aber das taten sie nicht. Es war ihr Gottesdienst. Sie hatten einfach Kirche, sie sangen, tanzten und priesen Gott.

Es ist also ein Lied zur Erinnerung. Ein Song, der beides ist, traurig, weil er an das erinnert, was beim Massaker passierte. Es ist aber auch ein Lied, das in gewisser Weise ein Siegeslied ist, weil wir glauben, dass er ein guter und weiser Führer war, und so bleibt er in unserer Erinnerung.

Über sein Leben

Mein Name ist Chuck Benson junior, ich bin ein Diener des Evangeliums. Ich gehe überall auf der Welt zu Menschen und spreche über Jesus Christus, und wie er mein Leben verändert hat. Er hat mir geholfen, von den Drogen loszukommen. Und in Lakota bin ich ein ›Takoja‹, ein Enkel von Leonard Little Finger.

Seit ich elf, zwölf, dreizehn Jahre alt war, hat Leonard mir eine ganze Menge Lakota-Dinge beigebracht. Und auch heute bringt er mir noch vieles bei. Jedes Mal, wenn ich mit ihm telefoniere. Manchmal ist es ein neues Wort Lakota, manchmal etwas neues aus der Geschichte, einige Lakota-Bräuche. Und so habe ich schon sehr früh die Geschichte des Wounded-Knee-Massakers erfahren und über Sitanka und die Gruppe Mnikowoju, die dort getötet wurden.

Mein Vater hat während der Zeit der AIM-Bewegung für den Indian Health Service gearbeitet. Es war ziemlich turbulent damals in South Dakota. Es gab Rassismus überall im ganzen Staat. Viele schlimme Dinge passierten. Alle tranken damals. Mein Vater, mein Großvater. Ich dachte, das machen alle, und so fing ich eben auch an, als Teenager, und bekam eine Menge Ärger.

Ich habe eine Schwester, sie hat starkes Rheuma und konnte die Winter nicht mehr ertragen. Also zogen wir nach Arizona. Ich ging da runter und fühlte mich irgendwie verloren. Eigentlich habe ich mehr weißes Blut in mir. Aber alle meine Vorbilder, als ich aufwuchs, waren Indianer. Es gab dort eine indianische Gemeinde und da war ich immer. Ich hing mit indianischen Kindern rum und die Mädchen, mit denen ich mich verabredete, waren indianische Mädchen. Du musstest dich für eine Seite entscheiden. Ich wählte die indianische und wurde verprügelt. Man beschimpfte mich und ich wurde sehr, sehr verbittert. Ich konnte die Weißen einfach nicht leiden, und das ist noch sehr mild ausgedrückt. Heute denke ich anders. Ich kann vergeben, und der Herr hat mir sehr dabei geholfen.

Über Rassismus

Ich unterrichte nicht-indianische Menschen, hatte sogar die Gelegenheit, an der Universität von Texas zu sprechen, vor einer Geschichtsklasse. Sie fragten nach Wounded Knee. Und ein Mädchen sagte: »Oh, Sie sind halb Indianer, Sie werden uns nicht skalpieren, oder?« Diese kleinen Statements, sie mögen nicht viel bedeuten, sie machen Witze. Aber das sind die Dinge, die weh tun. Und die Menschen merken das nicht.

Über Boarding Schools

Ich bin Christ, ich glaube an die Bibel, an Jesus. Ich schäme mich nicht dafür, aber unglücklicherweise wollen viele Native Americans heute nichts damit zu tun haben. Der Grund dafür ist, dass viele der frühen Missionare das Ziel hatten, die Indianer nicht nur zu christianisieren, sondern die Indianer ›weiß‹ zu machen. Mit anderen Worten, ihre Idee eines guten indianischen Christen war ein Indianer, der sich weiß verhielt, sich weiß anzog, weiß sprach. Das ging sogar soweit, dass sie dich oder deine Kinder von zu Hause wegholten. Sie schickten sie auf Boarding Schools, wo ihnen nicht erlaubt war, ihre Stammessprache zu sprechen. Wo sie sogar bestraft wurden, wenn sie es doch taten.

Über Amerika

Ich liebe Amerika. Es ist ein wundervolles Land, führend in der Welt in den Bereichen Technologie und so. Aber es gibt auch die negative Seite in unserer Geschichte, und ein Teil davon ist Wounded Knee. Das wurde nur nie anerkannt. Es ist schwer, mit etwas abzuschließen, das niemals anerkannt wurde. Ich habe einen guten Freund, einen Christen, der hat mal zu mir gesagt, als wir darüber sprachen: »Was willst du? Was wollen die Indianer?« Und ich antwortete: »Weißt du, ich möchte, dass ein weißer Mann zugibt, dass das passiert ist, dass es falsch war, dass es eine schlechte Sache war.« Dann können wir mit unserem Leben weitergehen. Aber sie werden das nicht tun.

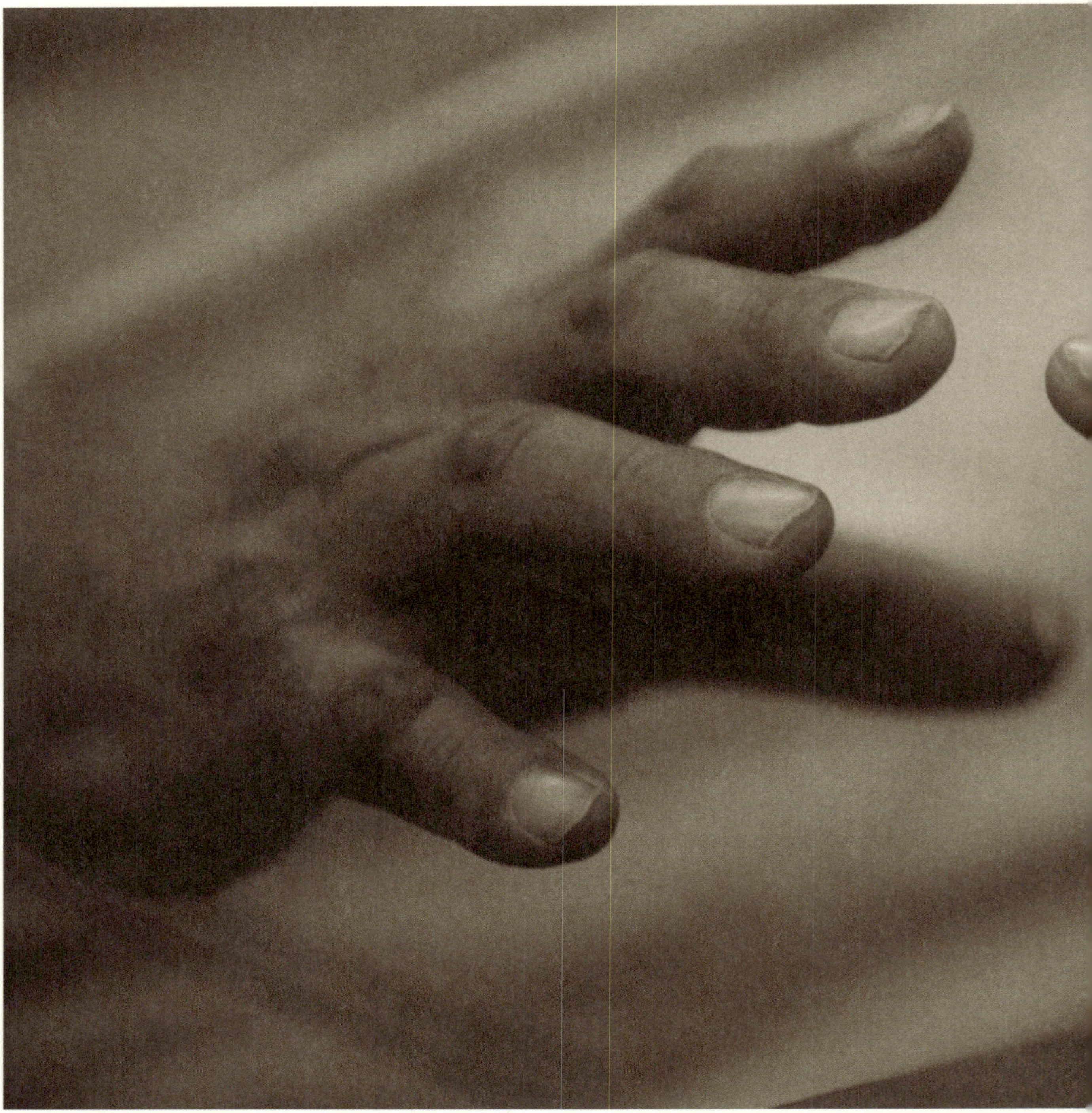

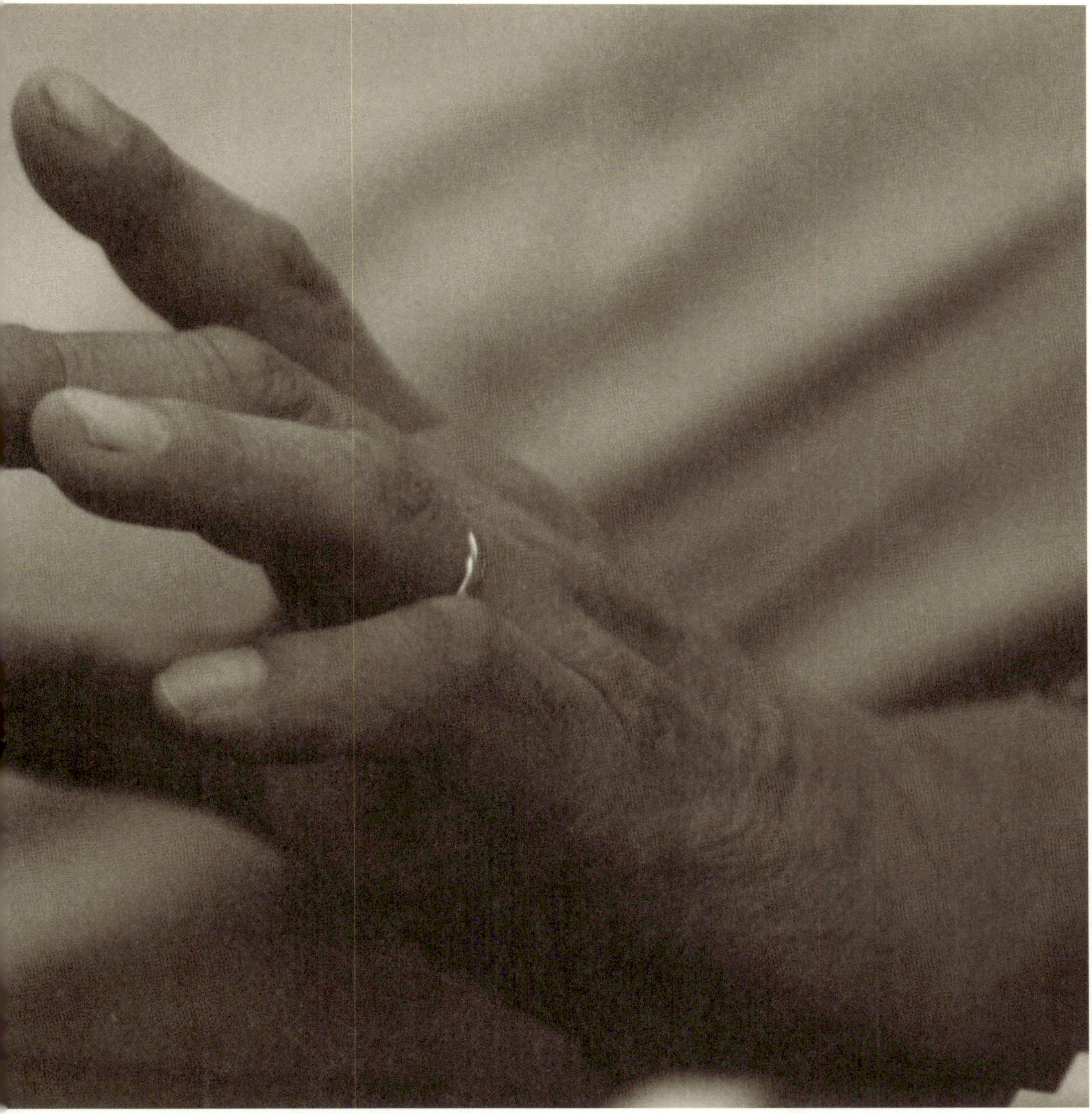

ÜBER WOUNDED KNEE

Schon als ich ein Junge war, erzählte mir mein Großvater, was am Wounded Knee passierte, aus der Sicht der Lakota. Ich habe ein paar Mal andere Geschichten gelesen, sogenannte offizielle Berichte. Aber unsere Geschichte kommt von Augenzeugen, die Überlebende des Massakers waren. Die US-Regierung hat niemals zugegeben, irgendwelche Fehler am Wounded Knee gemacht zu haben. Sie haben die Männer, die Soldaten der 7. Kavallerie, die beteiligt waren, nicht nur in Schutz genommen. Sie verliehen ihnen sogar zwanzig Ehrenmedaillen für das Massaker am Wounded Knee. Nur bei Hiroshima im 2. Weltkrieg gab es mehr Ehrenmedaillen.

Ein Mann hat eine Ehrenmedaille bekommen, weil er eine Hotchkiss-Kanone runter zu den Menschen gerollt hat, als geschossen wurde. Diese Hotchkiss-Kanonen feuern drei oder vier Pfund-

Geschosse, die bei Kontakt explodieren – sind also wie richtige Kanonen, nur ein bisschen leichter. Und er bekam seine Medaille, weil er mit der Hotchkiss-Kanone auf Frauen und Kinder schoss, die unbewaffnet waren und in eine Schlucht flüchten wollten. Ich haben einen Teil seines Berichtes gelesen. Er sagte: »Ich dachte, ich würde dafür vor Gericht gestellt, für mein Verhalten am Wounded Knee. Und stattdessen gaben sie mir eine Ehrenmedaille!«

Jedes Mal wenn ich nach Wounded Knee gehe, muss ich weinen. Als wir zu Großvaters Platz kamen, sagte er: »Jetzt kann ich endlich nach Wounded Knee gehen, ohne zu weinen.« Ich meinte: »Wenigstens einer, denn ich kann das immer noch nicht.« Vielleicht nach all dem hier, vielleicht nach der Zeremonie. Und ich glaube, der Fokus ist jetzt nicht mehr Wounded Knee und das Leiden und der Tod und die Grausamkeiten dort, sondern vielmehr das Wiederaufbauen.

Letzte Nacht, nachdem alles vorbei war, ging ich zu meinem Großvater und sagte: »Das ist das Ende. Oder vielleicht ist es auch ein neuer Anfang.« Wir schauen nicht mehr nur auf die Vergangenheit, wir werden uns immer daran erinnern, aber wir schauen jetzt in die Zukunft und auf die positiven Dinge. Sitting Bull sagte einmal: »Lasst uns gemeinsam nachdenken und überlegen, was für ein Leben wir für unsere Kinder schaffen können.« Und Großvater sagte: »Das hier ist für unsere Kindeskinder und die Enkel der Kinder, und für die zukünftigen Generationen.« Wir blicken also in die Zukunft und ich denke, das ist es, ein neuer Anfang.

Auf dem Weg hierher habe ich einen alten Freund getroffen, einen Indianer. Wir sprachen darüber, wie wir früher miteinander tranken. Ich trinke jetzt nicht mehr, bin seit vielen Jahren trocken. Aber früher, als wir jünger waren, tranken wir viel, waren ziemlich wild. So was passierte leider in vielen indianischen Gemeinden und viele unserer alten Freunde sind heute nicht mehr. Sie sind tot oder im Gefängnis, immer noch im Kreislauf der Hoffnungslosigkeit verloren.

Er machte also eine Bemerkung, weil er jetzt auch trocken ist und eine Frau und Kinder hat. Wir sprachen darüber, wie wir unser Leben wieder in den Griff bekommen haben, in die richtige Richtung. Er schaute mich an und sagte: »Wir sind Überlebende.«

Und ich denke, alles was wir hier tun, ist im Grunde für die Nachfahren der Überlebenden des Wounded-Knee-Massakers. Darüber hinaus denke ich, es steht für all die Leiden, die die Indianer durchmachen mussten. Nicht nur am Wounded Knee, auch durch Armut und Alkoholismus und Unterdrückung der Indianer in den letzten einhundert bis zweihundert Jahren.

Wir sind Überlebende und versuchen jetzt, uns wieder aufzurappeln und uns nicht selbst zu bemitleiden, sondern vorwärts zu gehen. Damit unsere Kinder und Enkel in Zukunft ein besseres Leben haben.

LEONARD LITTLE FINGER

Über die Zeremonie

Bei der Keeping-of-the-Soul-Ceremony wird ein Bett aus Salbei gemacht und das Haar darauf gelegt. Außerdem haben wir dort zusammen mit dem Haar die Federhaube, die der Anführer der Gruppe getragen hat. Und wir haben die Häuptlingsdecke. Sie ist aus Trader Cloth gemacht, einer schweren Wolle mit einem großen Streifen Beadwork rechts, in der Mitte und an den Enden. Als Familie haben wir dies für Generationen bewahrt, wir hielten es die ganze Zeit bis jetzt verschlossen. Wir haben also drei Dinge hier, drei Dinge, die ein Teil von Sitanka sind. Wir reinigen diese Dinge, wir legen sie auf die Erde, um sie fürs Gebet zu nutzen. Und die Familien, die Nachfahren von Häuptling Big Foot gehen hinein und beten dort.

Als Lakota glauben wir, dass es zwei Teile von uns gibt, den physischen und den spirituellen. Und während der Zeremonie verbinden wir die beiden miteinander.

Die physische Welt, die wir haben, ist das Haar, das unserem Ur-Ur-Großvater genommen wurde, als er tot auf dem Feld lag. Und dieses Haar wird in unseren Gebeten mit der spirituellen Seite verbunden.

Als wir die Zeremonie begannen, haben wir die Seele zurückgerufen. Wir baten die Seele, unser Gebet zu erhören. Während dieser Zeit sammelt die Seele unsere Gebete. Wenn wir die Seele dann freilassen für die Reise zurück in die Geisterwelt, wird sie mit dem Schöpfer sein, damit diese Gebete von ihm erhört werden.

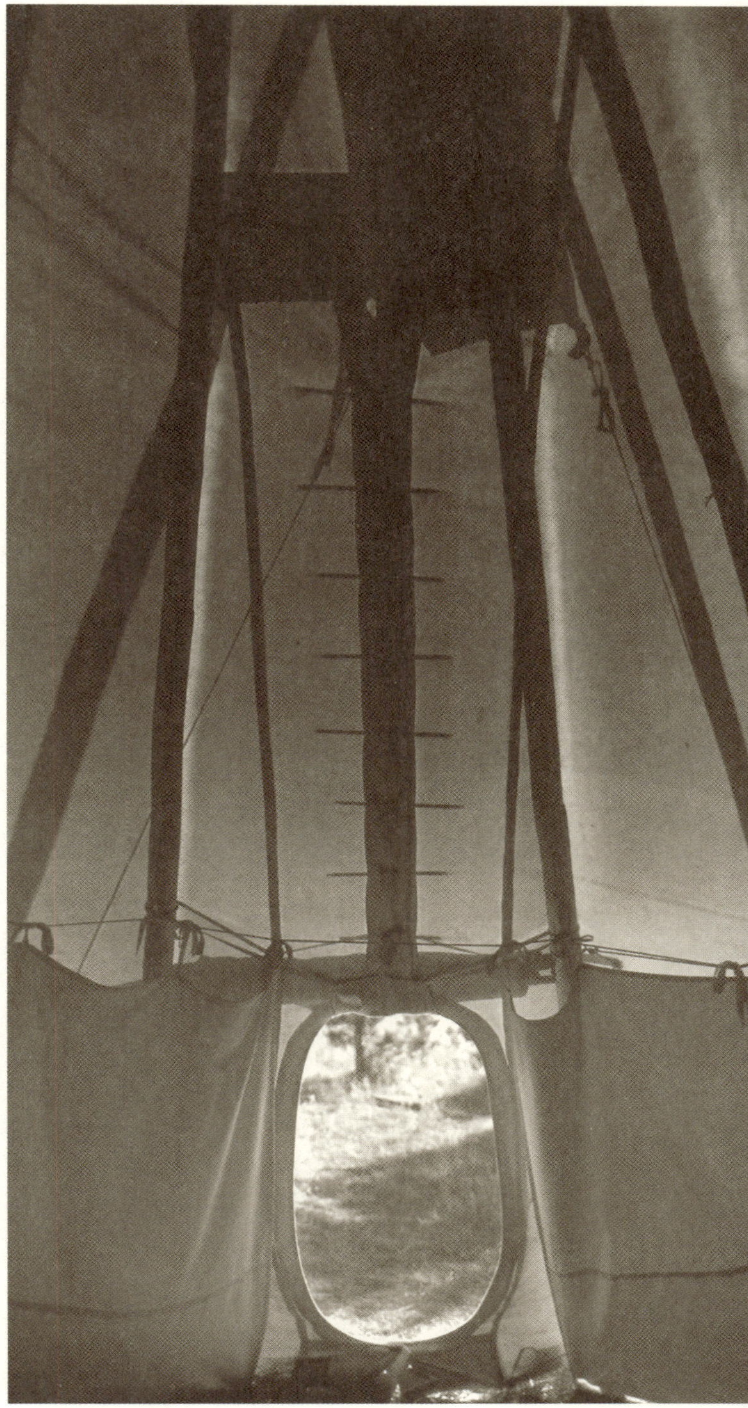

DIE JUGENDREITER

»Das erinnert uns daran, wer wir sind, und daran, nicht aufzugeben ... «

Beißender Qualm liegt in der Luft. Kurz zuvor hatte Candace schon mit einer Bremsleitung Probleme. Jetzt setzt auch noch das Getriebe aus. Sie muss den Wagen stoppen. Mit einer Kette ziehen wir ihn zurück zum alten Blockhaus ihrer Großmutter. Im einzigen Raum bollert ein alter Holzofen. Luke, Karen und ihre Freundin Marcella bereiten gerade das Nachtlager, als wir eintreten.
Die Vier haben schon an vielen Ritten teilgenommen. Candace und ihre Tochter Karen zählten zu den ersten Frauen, die sich Ende der achtziger Jahre den Reitern anschlossen. Arvol Looking Horse unterstützte sie damals. Karen half dann in den letzten Jahren, den Jugendritt zu organisieren. Das tat sie vor allem für ihren jüngeren Bruder Luke …

CANDACE DUCHENEAUX

Das erste Jahr, in dem wir mitmachten, war 1987. Wir hatten keinen Platz zum Übernachten, keine Gebäude, wo wir bleiben konnten. Und so schliefen wir in einem großen Zelt, das ein paar Jungs aus Oglala mitgebracht hatten. Aber in den ersten zwei Nächten gab es keine Heizung drin und es war eisig kalt. Ich hatte meinen kleinen Sohn dabei, er war drei Jahre alt. Und ich hab wirklich gedacht, er erfriert beim zweiten Halt an der Big Foot Kirche. Sie machten ein Feuer.

In den ersten Jahren fasteten Karen und einige andere. Für vier Tage kein Wasser und keine Nahrung, während sie ritten. Der Medizinmann hatte Karen ins Zelt gebracht. Ich stand draußen am Feuer, alle waren verschwunden und ich hatte so Angst, dass mein Sohn erfriert. Ich brachte ihn ans Feuer und blieb hinter ihm, um die Kälte abzuhalten. Irgendwann kamen dann die Jungs endlich wieder und sagten: »Da sind Leute in der Kirche, die dort übernachten.« Die Fenster waren zwar zerbrochen, aber sie hatten die Kirche ein wenig hergerichtet, einen Gasofen genau in die Mitte gestellt. Überall lagen Körper, überall schliefen sie, so dass es da drin ein bisschen wärmer war. Ich weckte Karen auf und sagte: »Komm, lass uns da rein gehen.« Und wir fanden in der hintersten Ecke noch einen Platz für uns.

Am nächsten Morgen standen wir auf und jemand sagte: »Die Pferde sind verschwunden.« Sie waren ausgebrochen und überall verstreut. Bevor sie weiterreiten konnten, mussten also erst alle Pferde zusammengetrieben werden, die aus dem kleinen Zaun ausgebrochen waren. In der Nacht vorher hatten die Pferde wohl kein Futter bekommen. Ich wusste davon nichts, denn ich versuchte, mich um die Reiter zu kümmern.

Es gab eine Frau, die einen Van hatte, und dort schälten wir Kartoffeln, bis unsere Finger fast erfroren waren. Ich kochte die

Kartoffeln und die Jungs haben gelacht, als sie die Kartoffeln aßen, weil sie innen immer noch ganz gefroren waren. Es war wirklich sehr hart in den ersten Jahren. Als wir runter nach Redwater kamen, wo wir heute Nacht waren, stellten sie das Tipi auf, mit einem Ofen drinnen. Wir schliefen auf dem Boden im Schnee. Sogar im Zelt war Schnee, aber es war okay. Vorher kamen wir durch Wacicu-Land und ein paar Wacicus kamen herüber. Eine Lady schickte ihren Mann mit Bananenbrot. Es war nur ein Brot. Ich schnitt es in Scheiben und die Jungs aßen es. Jeder bekam ein kleines Stück davon.

Ich wünsche mir, dass ihr zurückgeht und euren Leuten erzählt, dass wir hier Mühe haben, zu überleben. Den Kopf über Wasser zu halten. Wir tun diese Dinge, um den Geist zu bewahren und unseren Leuten Hoffnung zu geben.

KAREN DUCHENEAUX

Als ich zum ersten Mal auf den Big-Foot-Ritt ging, war ich sechzehn. Es berührte mich persönlich, es änderte mein Leben und lehrte mich viel über mich selbst: Wer ich war und was ich leisten konnte. Zu der Zeit war mein kleiner Bruder drei Jahre alt und er wollte natürlich mitreiten. Aber er war einfach zu jung und es war zu kalt und zu hart.

Das erste Jahr, an dem er teilnahm, war 1995, als er elf war. Ich bemerkte die Veränderungen, die ich gespürt hatte, auch in seinem Leben, die Art, wie er sich und sein Volk wahrnahm, und seine Grenzen. Wenn du das getan hast, fühlst du dich, als ob du alles tun kannst. Nichts scheint mehr wirklich hart. Du hast am Ende dieses Gefühl, etwas erreicht zu haben. Und ich sah das bei ihm 1995 nach dem Ritt.

Dann fragten sie mich, ob ich nicht ein Führer sein wollte. Es waren Arvol Looking Horse und Alex White Plume. Sie machten eine Zeremonie nach dem Ritt. Alle Reiter stellten sich im Kreis auf, und sie riefen sieben von uns, brachten uns in die Mitte und

sagten: »Wir wollen euch die Verantwortung übertragen. Wir wollen, dass ihr die Verantwortung übernehmt für die Fortsetzung des Rittes. Und wenn ihr denkt, ihr könnt das nicht oder ihr wollt das nicht, dann tretet einen Schritt zurück aus dem Kreis.« Wir waren zu siebt und keiner tat das. Wir blieben alle stehen.

Ich wollte etwas zurückgeben. Dieses Gefühl, etwas erreicht zu haben, an mehr Kinder weitergeben, damit die nächste Generation nicht vergisst, was uns passiert ist. Weil es jedem passiert ist, nicht nur denen, die ermordet wurden. Und nicht nur den Menschen, die überlebten, und deren Kindern. Jedem! Es ist etwas, das unserer ganzen Nation passiert ist. Etwas, mit dem wir leben müssen und von dem wir lernen müssen. Ich denke, jeder sollte das wissen.

Heute habe ich mit einem Jungen aus meiner Reservation gesprochen. Er reitet seit Cherry Creek. Fast jeden Tag. Seine Beine tun weh, seine Hosen sind überall blutig. Er hat sich verletzt, es ist eine harte Zeit für ihn. Aber er will es schaffen, er fühlt, dass er es tun muss. Und ich bin mir sicher, es wird ihm irgendetwas bringen.

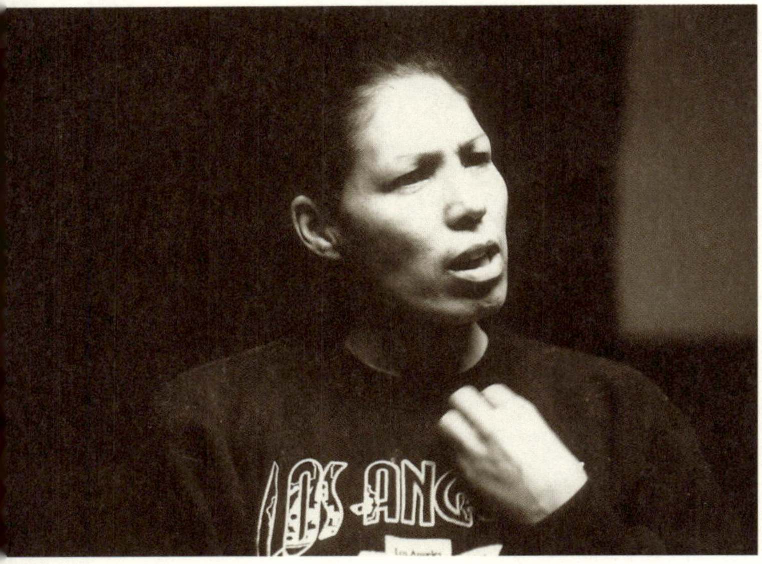

MARCELLA GILBERT

Als wir heute nach Redwater kamen, diesen Hügel runter, und ich die Trommel hörte, war es wirklich hart für mich. Ich schloss meine Augen und konnte überall die Geister sehen. Als wir hinunter in den Kreis kamen, musste ich die ganze Zeit weinen. Ich konnte die Kinder in ihren Decken sehen und die Frauen in der Kälte. Sie standen überall um uns herum und froren. Aber gleichzeitig wirkten sie auch stark. Sie hielten ihre Köpfe aufrecht, sangen mit diesen Sängern, und es erinnerte mich an die Kraft und Energie, die wir als Volk haben. Denn unsere Vorfahren sind immer bei uns.

Für mich war das nicht nur eine Zeit, meiner Vorfahren zu gedenken und einfach dabei zu sein. Für mich war es eine Zeit zu leiden. Ich wollte das. Ich spürte, dass ich es tun musste. Ich musste eine Auszeit von meinem Leben nehmen. Arbeit von neun bis fünf, meine Kinder versorgen, das Haus putzen und all diese Dinge, die man im Alltag so macht. Ich brauchte eine Auszeit, um die Nöte zu erfahren, die Kälte zu fühlen und bei anderen zu sein, die dieses Opfer bringen. Manchmal bin ich in der täglichen Routine gefangen. Geld zu verdienen, damit meine Kinder Kleider haben können, oder was auch immer nötig ist, um zu überleben in der Gesellschaft. Manchmal werde ich abgelenkt von dem, was ich zu allererst bin, eine Lakota.

Wir sagen: »Schaut her, wir haben immer noch unsere Sprache, unsere Zeremonien, unsere Tänze, unsere Lieder und Dinge wie den Ritt. Das erinnert uns daran, wer wir sind, und an unsere Stärke, nicht aufzugeben. Auch wenn wir vieles von dem verloren haben, was wir hatten. Wir haben immer noch genug, das uns zu dem macht, wer wir sind und was wir weitergeben können.«

AUF DER RESERVATION

»Wir haben ein ganzes Volk nahezu ausgerottet … «

Mit einer großen Kelle rührt Johnson in der braunen Brühe. Er ist auch ein Nachkomme von Häuptling Big Foot und unterstützt Leonard bei der Zeremonie und den Feierlichkeiten. Zuvor hatte er das Holz angefeuert, auf dem jetzt die schwere Metallwanne mit dem Rindfleisch-Eintopf steht. Lecker sieht anders aus. Aber es wird später auch noch reichlich FRY BREAD, *Kuchen und Melone für alle geben. Vashti Apostol-Hurst hat die Lebensmittel eingekauft und nach Oglala zum Zeremonienplatz gebracht.*
Vor Jahren kam sie mit ihrem Mann Andy aus Seattle auf die Pine-Ridge-Reservation. Als sie sahen, wie die Lakota heute leben müssen, sind sie hierher gezogen, um zu helfen. Andy arbeitet jetzt als Arzt im Reservatskrankenhaus, Vashti hat die Hilfsorganisation NAAICE gegründet. Damit will sie vor allem Kindern und alten Menschen helfen. Wir haben sie mehrmals begleitet, wenn sie Brot verteilt, BABY-BASKETS *mit Windeln und Decken für die Neugeborenen gepackt oder Menschen im Reservat besucht hat …*

VASHTI APOSTOL-HURST

Als ich hierher kam, war ich schockiert über das, was ich sah.

Gestern hatte ich einen Telefonanruf wegen einer Großmutter, die mit vier Kindern in einem Auto lebt. Wir haben eine Rollstuhlrampe für einen Veteranen aus dem 2. Weltkrieg gebaut, der nicht mal Stufen aus seinem Haus hatte. Er musste in seinem Rollstuhl heraus getragen werden, und seine Toilette war ein Eimer. Warum passiert das in Amerika?

Es gibt eine wunderbare Frau, die zehn Kinder hat. Sie lebt in einem Trailer mit zwei Zimmern, hat keinen Kühlschrank, keine Heizung, nur einen Herd mit zwei Brennern. Sie arbeitet für ihre Sozialhilfe, lebt von ein bisschen mehr als fünfhundert Dollar plus Essensmarken im Monat. Sie kümmert sich nicht nur um ihre eigenen zehn Kinder, sondern auch um Teenager mit Problemen. Und sie hatte nur ein Bett. Wir haben ihr ein zusätzliches geben können und eine Couch. Freunde von einer anderen Organisation gaben ihr noch dreihundert Dollar, um ihre Stromrechnung zu bezahlen, für die sie seit Mai nichts zurücklegen konnte.

Es gibt viele Beispiele. Ich ging zu einer anderen Familie, einer wundervollen Frau, sie kümmert sich um obdachlose Kinder. Ihr Name ist Geraldine Blue Bird. Sie ist diejenige, die Präsident Clinton besucht hat, als er 1999 hier war. Ich kam zu ihr mit ein paar Helfern. An dem Tag hatte sie gerade zwei neue Kinder aufgenommen, die nicht einmal Schuhe an ihren Füßen hatten. Ich meine, keine Schuhe an ihren Füßen! Wie kann ich hier sitzen und zu euch sprechen über Leute, die Wasser heran schleppen müssen und in Baracken und überfüllten Häusern leben, die nicht einmal den Standards der Regierung entsprechen? Was ist falsch an diesem Bild? Wir haben diese Menschen vergessen! Sie sind die vergessene Minderheit in Amerika.

Und wer immer dies liest oder hört: Das, was hier in Amerika passiert, ist falsch.

Die Indianer auf dem nordamerikanischen Kontinent haben den längsten Holocaust über den längsten Zeitraum auf der größten Landmasse in der Geschichte des Planeten durchgemacht und überlebt. Das ist eine Tatsache, nicht meine Meinung. Wir haben es in Amerika fast geschafft, eine ganze menschliche Rasse auszurotten.

Und ich glaube, dass wir das großzügigste Land der Welt sind. Ich glaube, dass Amerikaner helfen würden, wenn sie von dieser Krise wüssten. Ich glaube, sie tun es nicht, weil sie es nicht wissen. Man hat uns in den Fünfzigern nicht die Wahrheit erzählt über den Genozid an diesen Menschen. Nicht unsere Kirche, unsere Regierung, meine Familie, meine Schule. Niemand hat uns die Wahrheit gesagt, und das ist nicht okay. Jetzt sind wir Erwachsene, und es liegt an uns. Deshalb bitte ich euch inständig, uns dabei zu helfen, sie auf ihrem Weg zurück in die Selbständigkeit zu unterstützen. Weil niemand in Amerika so leben sollte. Und ganz besonders nicht die ersten Amerikaner.

Die Buchstaben NAAICE stehen für National Association for American Indian Children and Elders. Rund dreißig verschiedene Hilfsprogramme hat Vashti ins Leben gerufen. Sie leistet Übermenschliches, hat nur eine Mitarbeiterin, von der sie ein paar Stunden in der Woche unterstützt wird.

Wir haben selten einen Menschen getroffen, der sich mit so viel Liebe und Engagement für eine Sache einsetzt. Ständig klingeln das Telefon oder die Türglocke. Vashti hat immer zu tun. Fast täglich ist sie auf der Reservation unterwegs, besucht die Lakota, bringt Kleidung oder erkundigt sich nach den dringendsten Bedürfnissen.

Häufiger Anlaufpunkt ist das Haus von Geraldine Blue Bird. Sie gilt als zentrale Figur eines traditionellen Tiospaye, einer erweiterten Familie. Dazu gehören neben den Eltern und Geschwistern auch entfernte Verwandte und Personen, die durch Heirat hinzukamen. Die Beziehungen der einzelnen Familienmitglieder sind intensiv und oft werden die Kinder nicht nur von den leiblichen Eltern erzogen.

Geraldines Haus steht in einer der trostlosesten Straßen in Pine Ridge. Es ist erst ein paar Jahre alt und hebt sich auch durch die Größe von den umliegenden Baracken ab. Vor vier Jahren brachte ein Sattelschlepper das Fertiggebäude auf die Reservation. Bezahlt hatte ein Freund von US-Präsident Bill Clinton. Der besuchte nämlich 1999 die Pine-Ridge-Reservation. Kurz zuvor hatte ein Tornado eine ganze Siedlung bei Oglala verwüstet. Die Regierung half damals beim Wiederaufbau. Und zum 4. Juli, dem amerikanischen Unabhängigkeitstag, entschloss sich Clinton zu einer Stippvisite.

Der Stammesrat wählte damals Geraldine aus und schon Wochen vorher kamen Mitarbeiter des Secret Service zu ihr, um für die Sicherheit des Präsidenten zu sorgen. Anfangs hielt sie alles nur für einen Scherz, aber als die ersten Regierungslimousinen vorfuhren und Männer in dunklen Anzügen und mit Sonnenbrillen ausstiegen, wurde ihr klar, dass sie es ernst meinten. Als wir Geraldine besuchen, holt sie die Fotos von damals hervor und schwärmt von der Begegnung mit Bill Clinton …

GERALDINE BLUE BIRD

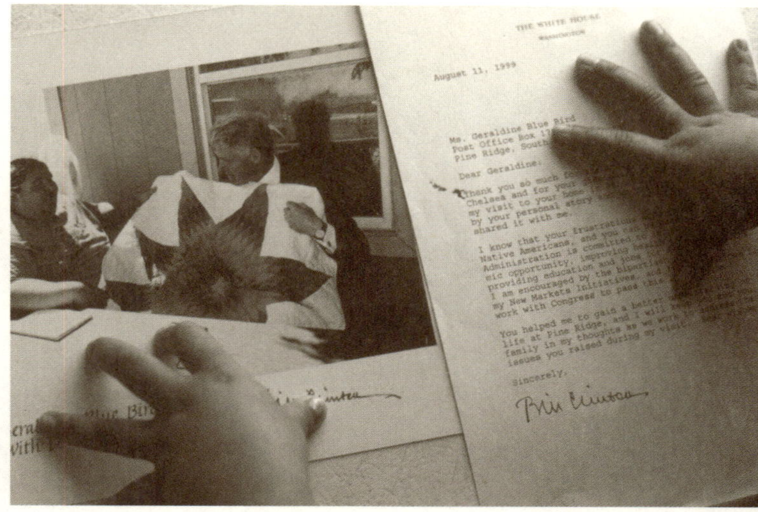

Der Präsident auf der Reservation

Clinton kam die Straße runter. Und das, was mich am meisten beeindruckte, war, als meine Kinder zu ihm rannten. All diese kleinen Kinder machten ein Rennen zu ihm. Und er blieb stehen. Er nahm sich die Zeit, mit ihnen zu reden, Autogramme zu schreiben und sie zu berühren. Alle um ihn herum warteten auf ihn, aber er nahm sich den Moment Zeit und gab den Kindern das Gefühl, dass sie genauso bedeutend waren wie er.

Und das hat mich fast umgehauen, mich total beeindruckt. Ich beurteile Menschen nach dem, wie sie auf meine Kinder wirken. Als meine Kinder rannten und ihn anfassten, hatte er einen Anzug an. Aber er hatte keine Angst, dreckig zu werden, er hatte keine Angst, dass sein Anzug zerknittert. Das war unglaublich. Dieser Mann hat meinen Respekt.

Alltag

Hier auf der Reservation gibt es nicht viel, aber so ist das Leben. Egal wie hart die Dinge hier sind, du wirst leben. Wir haben einhundert Jahre überlebt und wir werden weitere einhundert überleben. Es ist hart, aber wir werden immer einen Weg finden. Ob wir Kleider verbrennen müssen, ob wir eine Woche lang nur Fleischsoße essen, um unsere Kinder zu ernähren. Wir versuchen unser Bestes, um zu überleben.

Wenn es aber soweit kommt, dass du lieber sterben möchtest als zu leben, dann ist es schlimm. Hier draußen auf der Reservation lebst du hart und stirbst jung. So ist das nun mal. Es ist so, als ob die Reservation eine eigene Welt in der Welt ist. Wenn wir die weiße Kultur und die indianische Kultur nicht zusammenbringen können als eins, dann haben wir keine Hoffnung. Wir müssen unsere Werte nehmen, unsere Werte und was sie uns gelehrt haben, und das einbringen in die weiße Kultur, um es zu einem Ganzen zu machen.

Mein Hoffen und meine Liebe gelten den Kindern. Damit unser Volk überleben kann, braucht es die Kinder. Meine Enkelin Leah hier, sie findet keinen Job und würde nicht lange überleben. Dann verlierst du den Mut. Und wenn du den Mut verlierst, dann verlierst du als erstes deine Selbstachtung. Du fühlst dich nicht gut, wenn du deine Familie nicht unterstützen kannst. Du fühlst dich nicht gut, wenn du deinem Baby keine Milch geben oder Pampers kaufen kannst. Und so verlierst du Tag für Tag für Tag für Tag deine Selbstachtung. Du verlierst die Hoffnung. Du verlierst alles was du brauchst, um deine Familie zusammen zu halten. Und dann fängst du womöglich an, zu trinken.

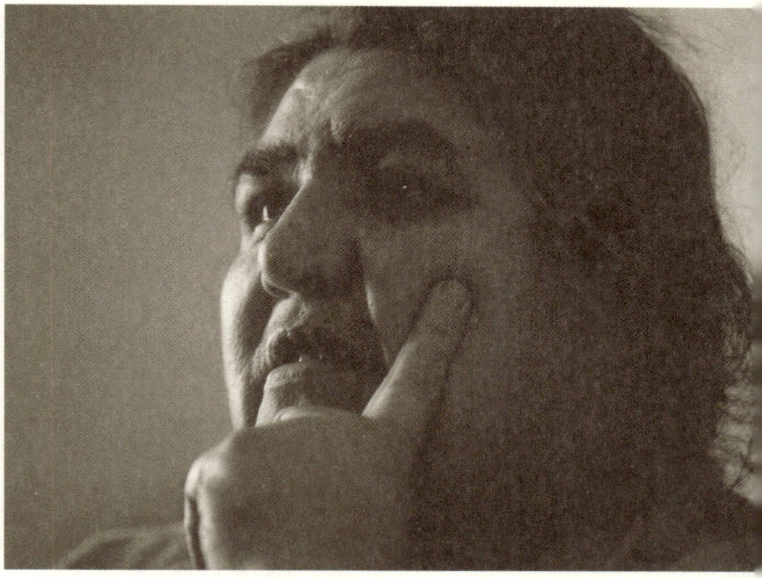

Ich bin hier für die Kinder, wenn sie kommen und mit mir reden wollen, wenn sie mich brauchen. Diese Kinder sind das einzige, was mich noch antreibt. Ich bin für sie da, so oft ich kann. Manchmal kommen sie nur, um zu reden. Manchmal brauchen sie einen QUARTER, um einen Reifen aufzupumpen. Zur Essenzeit habe ich eine ganze Menge Kinder hier. Bei mir gibt es niemals nur einen kleinen Topf Suppe. Weil ich glaube, dass unsere Zukunft in unseren Kindern liegt. Wir müssen ihnen etwas geben, mit dem sie was anfangen können. Wir müssen sie unterrichten, wir müssen ihnen etwas mitgeben. Das ist die einzige Chance, wie wir überleben können.

Ich habe den Eindruck, dass der Lebensmut auf der Reservation allmählich abnimmt. Ich weiß nicht, ob andere genauso denken. Aber ich sitze hier seit einer ganzen Weile und beobachte, was passiert. Und ich schaue auf die Kinder, gehe nachts zu Bett und bete für etwas Besseres. Ich bin jetzt 47 Jahre alt, habe ungefähr vierzig Enkel und siebzehn Ur-Enkel. Antonia hier ist meine Enkelin, ihre Tochter meine Ur-Enkelin.

OGLALA SIOUX TRIBE
PINE RIDGE INDIAN RESERVATION
2ND Grade Attendance Book
Brett
Gladys
Jeremiah
Cydnee
Jean
Mercedez
Latoya
Luke
Carrie
RaeDawn
Karina

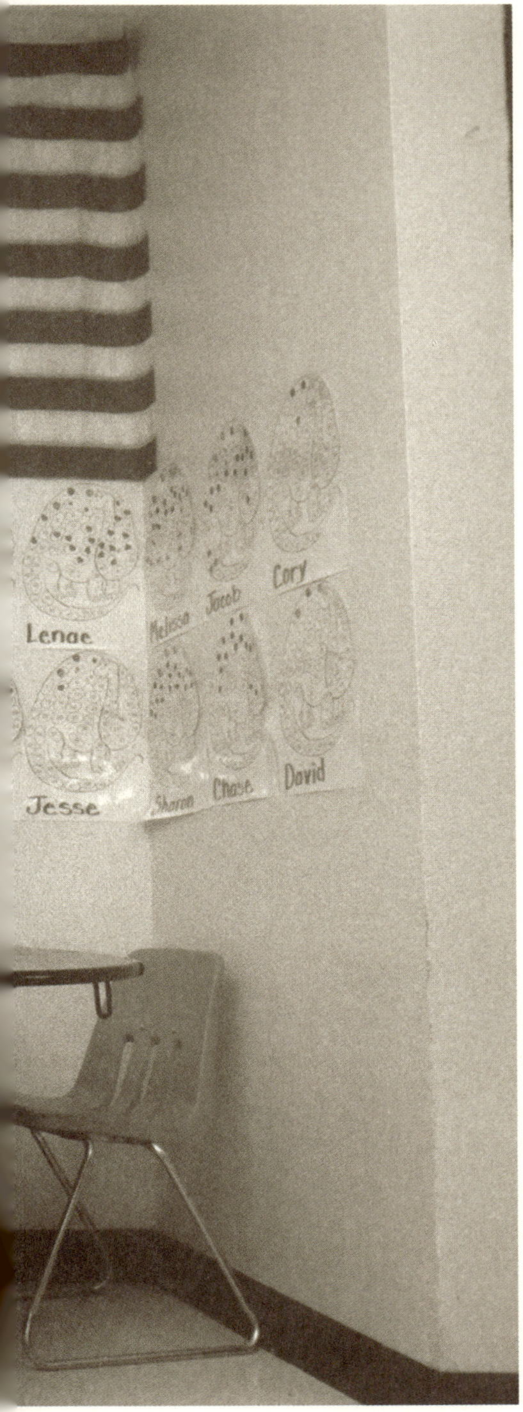

Nach dem Interview mit Geraldine bitten wir auch Antonia um ein Gespräch. Aber sie möchte nicht vor all den anderen reden. Wir machen noch ein paar Fotos auf der Veranda von Geraldines altem Haus, auf der sie damals mit Präsident Clinton gesessen hatte.
Obgleich kaum größer als ein normales Wohnzimmer, lebten in der Hütte über zehn Menschen. Das Trinkwasser kam durch einen Schlauch, den man von der Toilettenspülung abgezweigt hatte. Die Lebensbedingungen auf der Reservation erinnern mehr an Zustände in der Dritten Welt, denn an eines der reichsten Länder der Erde.
Als wir wenig später bei Vashti sitzen, fragt sie uns nach Antonia und greift zum Telefon. Sie bittet Geraldines Enkelin eindringlich, uns doch ihre Geschichte zu erzählen. Die Menschen sollen davon erfahren. Kurz darauf klingelt es an der Tür …

ANTONIA BLUE BIRD

Ich bin Antonia Blue Bird vom Oglala-Sioux-Stamm, einundzwanzig Jahre alt, lebe hier auf der Pine-Ridge-Reservation.

Für Leute in meinem Alter ist es ziemlich hart, zu überleben. Ich versuche ein GED zu bekommen. Das ist so eine Art Ersatz, wenn du keinen High-School-Abschluss hast. Ich musste die Schule in der zehnten Klasse abbrechen, um für meine Großmutter Edna zu sorgen. Sie war damals 74 und wir fanden niemanden, der zu ihr nach Hause kam, um sie zu pflegen. Und jetzt versuche ich, einen GED zu bekommen.

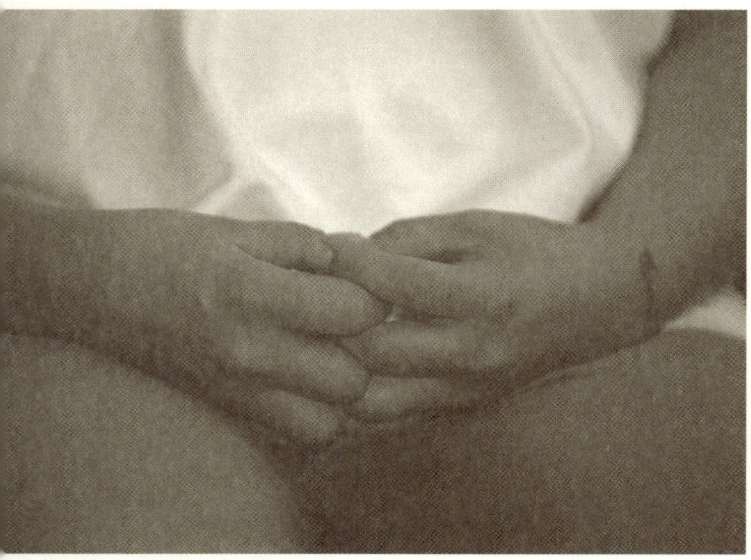

Ich habe mich überall für einen Job beworben, konnte aber keinen bekommen, nicht hier in Pine Ridge. Um Geld zu verdienen, kochen wir zu Hause und verkaufen das Essen dann auf der Straße. Es ist hart für mich. Ich hatte ein hartes Leben, es gibt hier einfach nichts zu tun, man findet keinen Job. Überall gibt es Alkoholismus. Mein Vater starb vor zwei Jahren durch den Alkohol. Und das ist praktisch alles, was die Jugend mitbekommt. Jedes Mädchen in meinem Alter hat zwei oder drei Kinder. Ich selbst habe zwei. Eins davon ist drei Jahre, das andere gerade ein Jahr alt geworden. Es ist ein hartes Leben. Ich habe viele Tage gehungert, damit wenigstens meine Kinder etwas zu essen hatten.

Die meisten in meinem Alter haben Eltern, die unsere Sprache nicht mehr sprechen. Mein Dad erzählte mir, dass sie ihn zur Schule brachten. Er konnte damals kein Englisch. Und er erzählte mir, dass sie ihnen die Büffelhautkleider wegnahmen und sie in Stoffe steckten. Es war nicht erlaubt, ihre Sprache zu sprechen. Als sie älter wurden, sprachen sie sie einfach nicht mehr. Sie verlernten sie und konnten uns die Sprache nicht beibringen. Deshalb kennen wir die Sprache nicht, und wir können sie unseren Kindern nicht beibringen.

Manchmal habe ich das Gefühl, ich will aufgeben und einfach weggehen. Aber ich kann nicht. Ich habe um Hilfe gebeten, aber nie welche bekommen. Ich spüre, ich habe keine Hoffnung mehr, ich fange an aufzugeben.

Ich war in Behandlung, weil ich starke Depressionen hatte, als mein Vater starb. Ich wurde sechs Monate lang behandelt und es half mir. Dann hat mich meine Schwester gebeten, nach Hause zu kommen und ihr zu helfen. Und seit ich wieder hier bin, fühle ich mich depressiver als je zuvor. Ich will nicht mehr raus gehen in die Öffentlichkeit. Ich fühle mich so deprimiert. Es ist so schwer.

Wir schweigen für einen Moment. Sind bewegt ob der Offenheit von Antonia. Sie verabschiedet sich in die kühle Nacht. Vashti bietet uns zum Übernachten die alte Kirche gleich gegenüber von Big Bats Tankstelle an. Sie nutzt das Gebäude als Lager und Unterkunft für Helfer. Zur Zeit wohnen auch Debbie und Bruce Edwards aus der Nähe von Seattle hier. Bruce ist Maler und arbeitet an einem Wandgemälde, das in der Loneman-Schule von Leonard entsteht. Vashti hatte den Kontakt hergestellt und finanziert das Projekt …

BRUCE EDWARDS

An diesem Programm ist die ganze Schule beteiligt. Ich habe eine Methode entwickelt, wie Kinder selbst als Künstler malen können. Zuerst sprachen wir mit Leonard über ein Thema und kamen auf die Geschichte vom Großen Rennen. Dann überlegten wir uns die Elemente, die auf das Gemälde sollen, Tiere und Pflanzen, die hier leben. Das können Nagetiere, Reptilien, Vögel sein.

Viele Kinder denken, sie können nicht zeichnen. Aber mit einfachen Formen, Ovalen, Dreiecken, Vierecken bringe ich es ihnen bei, und wir erarbeiten dann gemeinsam die Details. Am Ende sind sie meist selbst über das Ergebnis erstaunt. Ich sammle dann die Zeichnungen und wähle so viele wie möglich für das Wandgemälde aus. Die Kinder sind wirklich sehr süß, es ist einfach, mit ihnen zu arbeiten. Sie haben mich sehr beeindruckt.

Bruce kopiert die Zeichnungen auf Folien, die er auf eine große runde Holzscheibe projiziert. Die Kinder werden dann nacheinander aus den Klassen geholt, lernen den Namen ihres Tieres in Lakota und übertragen ihre Zeichnung auf das Holz. Während die kleinen Künstler konzentriert arbeiten erzählt uns Leonard die Geschichte vom Großen Rennen …

LEONARD LITTLE FINGER

Das Grosse Rennen

Vor langer Zeit waren alle Kreaturen, die der Schöpfer gemacht hatte, sehr besorgt über die Zweibeiner. Sie zerstörten die Welt, missbrauchten die Natur und alle Dinge, die in Harmonie leben sollten. Eine große Ratsversammlung wurde einberufen, und man kam zu dem Ergebnis, dass Mutter Erde zerstört würde, wenn die Zweibeiner so weitermachten. Dann wurde der Vorschlag gemacht, alle Zweibeiner zu töten, um die Gefahr für die Schöpfung zu beseitigen.

Nun galten die Vögel auch als Zweibeiner und fühlten sich hintergangen, weil sie dann auch sterben müssten. Also schlugen sie vor, ein großes Rennen um die Black Hills zu machen, die ja als heiliger Platz der Lakota gelten. Und wer immer als Erster dieses Rennen beendete, sollte entscheiden, was mit den Zweibeinern passiert.

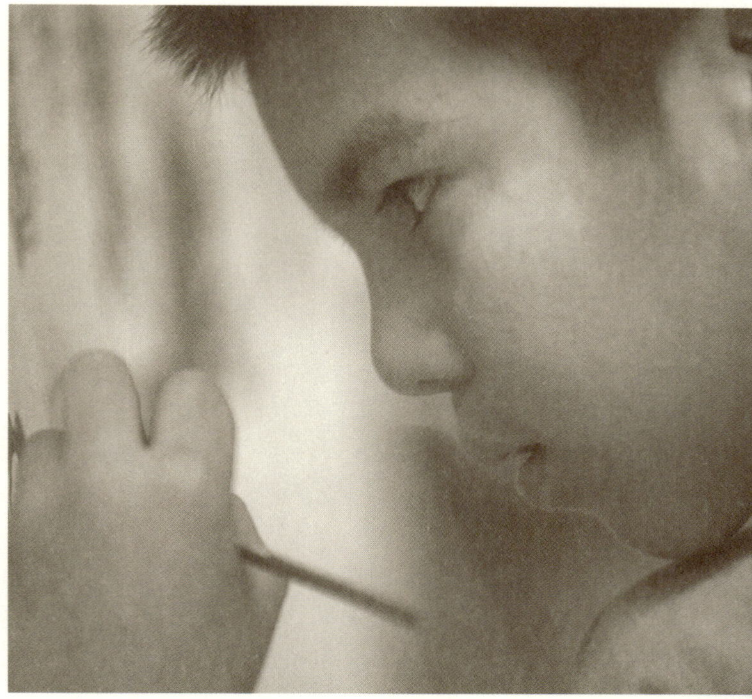

Alle Teilnehmer der Versammlung waren einverstanden, und die Tiere wurden aus allen vier Himmelsrichtungen herbeigerufen, um mitzumachen. So begann das Große Rennen mit allen Tieren. Angefangen vom großen Tatanka, dem Büffel, bis zu den kleinsten Insekten. Und alle Tiere dazwischen, die Hasen, Antilopen, Hirsche, die Stachelschweine, die Frösche, die Adler, Kraniche, Enten, die Schildkröten. Alle waren sie dabei. Sie rannten so schnell, dass einige anfingen zu bluten, und der Boden sich rot färbte. Die großen Tiere waren ganz vorne.

Und dann gab es da noch die Elster, die gerissen war, die falsche Geschichten erzählen konnte, betrog und jede Taktik nutzte, um zu überleben. Sie überzeugte den Büffel, dass sie, wenn sie auf seinem Rücken reiten würde, alle Fliegen und Insekten, die ihn ärgerten, aufpicken könnte, damit er ungehindert laufen kann. Der Büffel fand das eine gute Idee und erlaubte der Elster, auf seinen Rücken zu klettern.

Und als das Rennen sich der Ziellinie näherte – das Ziel war am Bear Butte – hüpfte sie von seinem Rücken auf den Kopf, von dort auf die Nase und ging als Erste über die Ziellinie. Die Elster hatte gewonnen und so wurden alle Zweibeiner verschont.

AM BIG FOOT PASS

»Der Ritt lehrt sie, durchzuhalten und stärker zu werden … «

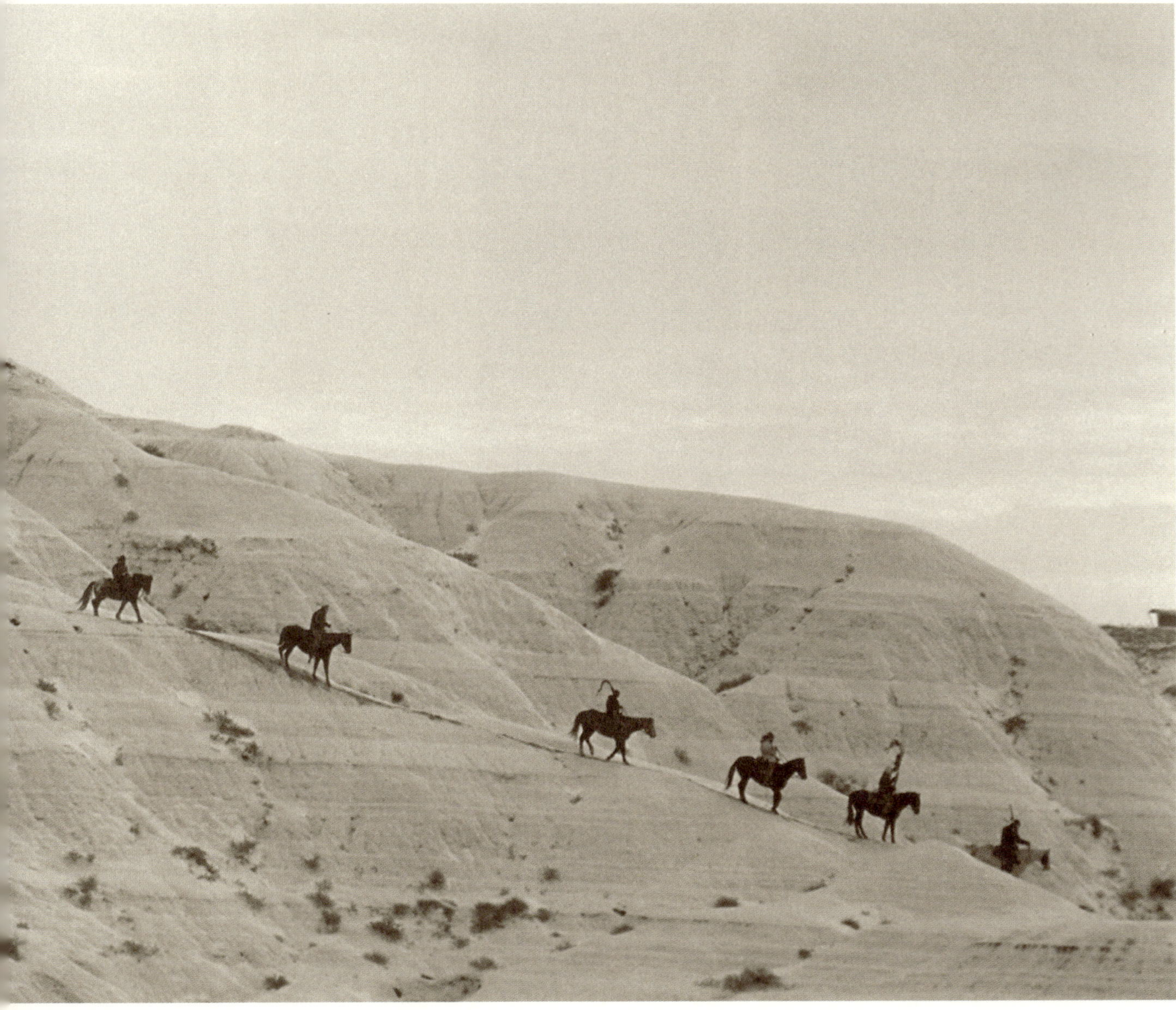

Heilig Abend auf einem Feld in der Prärie. Dicke Schneeflocken fallen vom grauschwarzen Himmel. Wir wärmen uns mit den anderen am Lagerfeuer, trinken dünnen Kaffee. Die Pferde sind versorgt, ein Teil der Reiter ist zu Verwandten gefahren. Der größte Teil aber verbringt die Nacht hier draußen. Im Pferdeanhänger oder im Militärzelt, wo ein kleiner Holzofen die Temperatur knapp über dem Gefrierpunkt hält. Mehr Komfort bietet ein Wohnmobil mit dem Schriftzug ›Sitting Bull College‹.
Es gehört Ron, dem Ur-Ur-Urenkel von Häuptling Sitting Bull. Ein Bilderbuch-Indianer mit langen schwarzen Haaren, markanten Gesichtszügen und einem stolzen Blick. Morgen früh wird er die Reiter in seinem leuchtend roten Wollmantel über den Big-Foot-Pass in die Badlands führen …

RON McNEIL

Ich komme aus Fort Yates in North Dakota, bin dort der Präsident des Sitting-Bull-Colleges.

Im September 1988 haben Birgil Kills Straight, einer der Original-Reiter, und ich uns getroffen. Er erwähnte den Ritt und ich erinnerte mich, dass ich darüber in der Zeitung gelesen hatte. Wir tranken einen Kaffee und ich sagte, dass ich gerne mit ihm reiten würde. Birgil wusste von meiner Abstammung als einer der Nachfahren von Sitting Bull und sagte: Ja, ich könnte mit ihm reiten, aber ich sollte auf der Standing-Rock-Reservation starten, wo ich herkam und wo auch Sitting Bull lebte und starb.

Wir sprachen auch darüber, dass Wounded Knee niemals passiert wäre, wenn Sitting Bull nicht gestorben wäre. Ich fuhr also auf

Birgils Vorschlag hin nach Hause und redete mit ein paar Leuten. Einige waren interessiert, von Sitting Bulls Lagerplatz, wo er starb, runter nach Bridger zu reiten und sich da mit Birgil, Alex White Plume und den anderen Reitern zu treffen.

Und das taten wir dann. Ursprünglich waren es 1988 nur drei Reiter, die von Standing Rock aus starteten. Buck Bears Heart, Mark White Bull und Jeff McLaughlin. Ich sollte eigentlich mit ihnen starten, aber mein Pferd stürzte gleich am Anfang, und so bin ich erst achtzehn Meilen südlich dazu gestoßen. Dann kamen noch andere Reiter, die 1986/87 schon geritten waren. Wir trafen uns am allerersten Tag in Timber Lake, South Dakota. Insgesamt waren wir also etwa zehn. Das waren die Original-Reiter, die aus Norden nach Bridger ritten und sich dort mit Birgil zusammenschlossen.

Der Unterschied heute ist, dass jetzt mehr und mehr Leute, die über die Jahre davon gehört haben, kommen und die Führung übernehmen. 1990 hatten Birgil und die Leute, die ursprünglich mit ihm angefangen hatten, ihr Versprechen erfüllt. Arvol Looking Horse schlug uns dann vor, einen ›Wopila-Ride‹, einen Dankesritt zu machen. Als Dank für die ersten fünf Jahre 1986 bis 1990. Danach hörten die Original-Reiter auf.

Aber es ging weiter mit Jugendlichen, die 1990 oder 1992 noch gar nicht oder nur ein Jahr geritten waren, die aber weitermachen wollten. Diese Jugendlichen drängten die Leute, die die Route kannten, sie ihnen zu zeigen. Diese Reiter wurden wirklich zu Führern für die Jugend. Und dieses Jahr siehst du eine ganze Menge junge Leute reiten. Sie reiten viel langsamer als wir damals. Wir hatten ein schnelles Tempo. Sie sind langsamer und ich muss mich immer wieder daran erinnern, dass es jetzt zu einem Jugendritt geworden ist. Es geht um das Aufbauen von Führungsqualitäten und die Idee, Tugenden wie Großzügigkeit, Stärke und Tapferkeit entlang des Weges zu lernen.

Wenn dir kalt ist, denkst du oft nur an dich. Aber wenn du dich Tag für Tag daran erinnerst, dass dieser Ritt für dein Volk ist und nicht für dich, dann teilst du weiter mit den anderen.

Es geht um die Idee von Stärke und Tapferkeit. Not zu ertragen ohne zu klagen. Ja, es ist kalt da draußen, und manche werden sich über die Kälte beklagen. Aber du erinnerst sie daran: Schaut, eure Vorfahren, die diesen Pfad vor hundertzehn Jahren geritten sind, hatten keine Gänsedaunen-Jacken, keine warmen Stiefel, keine wirklich warmen Handschuhe. Die meisten hatten nicht einmal Pferde, die meisten gingen zu Fuß. Also sagen wir ihnen, wir wollen euch nicht über die Kälte jammern hören, weil ihr auf einem spirituellen Ritt seid.

Ihr reitet einen Weg, auf dem eure Vorfahren viel mehr Nöte durchstehen mussten, als ihr jemals kennen werdet. Sie wurden gejagt, rannten um ihr Leben. Wenn du also fühlst, wie deine Zehen kalt und taub werden, klage nicht darüber, mach einfach weiter. Weil du nur ein bisschen von dem erlebst, was deine Vorfahren auf diesem Weg durchgemacht haben.

Klage nicht. Wenn du klagst, klagt auch die Person neben dir. Dann die Person neben ihm und bald beklagt sich jeder. Und wenn wir das werden, eine Nation von Jammerlappen, dann passiert nichts. Früher haben sie das verstanden. Statt zu klagen: Tu etwas dagegen. Lauf herum, damit deine Füße wärmer werden.

Das hier ist nicht nur ein Pferderitt durch die Landschaft. Darum geht es nicht. Sondern darum, es im Gedenken an deine Vorfahren zu tun, mit Spiritualität, und dich nicht nur um dich selbst zu sorgen.

Du kannst auf einen Pferderitt gehen und jemandem einhundert Dollar zahlen, damit er dich mitnimmt und was hast du gelernt? Du hast vielleicht eine schöne Landschaft gesehen, aber du hast, verdammt noch mal, nichts gelernt außer dass sich jemand um dich kümmert, weil du ihn bezahlt hast. Aber niemand bezahlt jemanden, um zu diesem Ritt zu kommen. Also wirst du auch nicht erwarten, dass jemand sich um dich kümmert und für dich sorgt. Das nehmen sie mit nach Hause.

Im Moment ist die Mentalität bei vielen von unseren Leuten so: Die Regierung hat seit über einhundert Jahren alles für uns getan. Wir haben das nicht gewollt, es wurde uns aufgezwungen. Jede Entscheidung über uns und unser Leben wurde von der Regierung getroffen. Unsere Initiative, Dinge selbst zu machen, wurde uns genommen. Und viele haben deshalb die Einstellung, dass sie eh nichts tun können. Sie wissen nicht, wie sie etwas erreichen können. Und dieser Ritt lehrt sie, dass sie es können. Sie können die Nöte der Welt aushalten und gute Anführer werden. Sie können alle Nöte der Welt durchstehen und stärkere Menschen werden. Sie können die Nöte ertragen und Freunde werden.

So werden wir diese Nation wieder aufbauen. Mit Leuten, die auf diesem Ritt gelernt haben, miteinander zu teilen. Gelernt haben, einander beim Ritt zu vertrauen. Und wenn sie nach Hause gehen und eine neue Idee haben oder etwas, das sie tun oder beginnen wollen, dann haben sie Freunde, auf die sie zählen können. Die sie kennen, die mit ihnen teilen und nicht nur von ihnen nehmen werden. Und sie werden als Nation wachsen. Das, denke ich, passiert gerade.

Wir steigen aus der Wärme von Rons Wohnmobil in die kalte Nacht. Der Schneefall ist inzwischen stärker geworden. Draußen am Feuer steht Chub Thunder Hawk. Ihn kennen wir seit unserer ersten Reise 1995. Damals arbeitete er für KILI, die kleine Radiostation, die wir besucht hatten.
Chub erinnert sich. Wir plaudern ein wenig und er erzählt uns von den zahlreichen Sobriety-Rides, die es mittlerweile gibt. Diese Ritte wurden ins Leben gerufen, um etwas gegen den auf den Reservationen stark verbreiteten Alkoholmissbrauch zu tun …

CHUB THUNDER HAWK

Ich komme aus Porcupine, South Dakota, wurde in einem Blockhaus geboren. Früher trank ich viel, rauchte Marihuana. Dann hatte ich einen Traum, der mir sagte, dass ich damit aufhören muss. Es war wie ein Zeichen und ich begann, mich neu zu orientieren. Ich versuche, meine Kultur zu leben, singe, nehme an Sobriety-Rides teil. Ich habe wirklich bei vielen Ritten mitgemacht. Nach dem Ende des Big-Foot-Rittes 1990 saß ich mit ein paar Leuten zusammen und wir sprachen darüber, was das größte Problem auf der Reservation ist. Wir kamen auf Arbeitslosigkeit und Alkoholismus.

Dann haben wir angefangen, einen Sobriety-Ride quer durch die Pine-Ridge-Reservation zu planen. Wir luden junge Leute ein, mitzumachen, aber auch unsere Alten, die Hüter der Weisheit, unsere Lehrer. Sie kamen jeden Abend in unsere Camps und sprachen über die Geschichte lange vor der Zeit der Reservationen. Über die Büffel, die heiligen Tiere und alle heiligen Lebewesen auf diesem Planeten. Und darüber, dass es bei diesem Ritt um Spiritualität geht, dass jeder lernen soll, zu beten und wofür er reitet. Bei dem Ritt geht es aber auch um die Gemeinschaft. Wir hatten hier deshalb auch andere Stämme mit dabei, Cheyenne und Arapaho.

Auch Robert Sierra ist stark für sein Volk engagiert. Wir lernen ihn vor allem als waghalsigen Scout kennen, der sein Auto ohne Rücksicht auf Verluste über die Prärie jagt, immer auf der Suche nach den Reitern. Woher sein Spitzname ›Pretty Face‹ kommt ist zumindest nicht sofort offensichtlich. Aber seine ständige gute Laune wirkt ansteckend …

ROBERT SIERRA

Mein indianischer Name bedeutet in Englisch Eagle Scout. Ich komme zu diesem Ritt, weil ich den jungen Männern und Frauen zeigen möchte, wie sie beten sollen. Bis 1970 hatte die US-Regierung unsere Art zu beten verboten, unterdrückt. Wir durften nicht so beten, wie es unsere Großväter gelehrt hatten. Das war gegen das Gesetz. 1970 fing ich mit dem Sonnentanz an. Ich piercte meine Haut. Aber das war zu der Zeit auch verboten, und so ging ich zwei Jahre ins Gefängnis. Und ich will nicht, dass meine Kinder oder ihre Kinder und Enkel das Gleiche durchmachen.

Wir versuchen, die Pferde-Nation und die Lakota-Nation eins werden zu lassen. Das wird immer schwerer, weil viele Leute kein Pferd mehr haben. Wir versuchen also, sie wieder zusammenzubringen. Und wenn das gelingt, dann werden die Menschen das bekommen, worum sie gebeten haben.

Es ist die zweite Nacht bei diesem Ritt, die wir draußen verbringen. Diesmal haben die Jugendreiter ein Zelt. Gestern aber mussten sich einige mit ihren Decken und Schlafsäcken ans Lagerfeuer legen. Die Scheune auf McDaniels Ranch war nicht groß genug für alle. Der weiße Farmer lässt die Reiter seit vielen Jahren auf seinem Land campieren.
Delany und Sam scheinen die kalten Nächte in der Prärie nichts auszumachen. Sie sind stolze Vertreter der Siebten Generation nach Wounded Knee, mit der sich nach den Prophezeiungen das Schicksal der Lakota zum Guten wenden soll …

SAM TALL

Ich reite seit neun Jahren, jetzt bin ich sechsundzwanzig. Wir sind die siebte Generation, setzen das fort, wofür unsere Großväter gestorben sind und wofür das Blut vergossen wurde. Wir ehren die, die damals im Schnee gestorben sind. Darum sind wir hier. Um das zu vollenden, den Traum, der 1890 zerbrochen wurde.

Für mich persönlich ist das eine wirklich große Verantwortung. Wir haben uns irgendwie verirrt, haben unsere Sprache verloren. Und die Älteren beginnen sich zu sorgen. Sie schauen nach jemandem oder nach Wegen, um uns unsere Lebensweise wieder zu bringen. Deshalb bin ich hier. Um zu sehen, wie der Traum, der starb, wiederkommt. Damit andere Generationen hoffentlich ein besseres Leben haben werden.

Das Härteste für mich beim Ritt ist das Gebet. Ich habe eine Menge schöner Träume für mein Volk. Ich wünsche mir für mein Volk, dass es aus der Traurigkeit ausbrechen kann, in der wir uns befinden. Der Armut, die die Regierung für uns arrangiert hat. Ich wünschte, sie würden uns in Ruhe lassen und sich um das kümmern, was sie haben, woran sie glauben. Wir waren zuerst hier. Warum können sie das nicht anerkennen?

Unser Gebet und unsere Art zu leben sind alles, was wir haben. Wir sind ein Büffel-Volk. Und nachdem sie unsere Büffel weggenommen hatten, wurde es schwer für uns. Wir versuchen nun, sie zurückzuholen, damit mit ihnen unsere alte Lebensweise wiederkommt. Und in den Gebieten, die für uns heilig sind, wie die Black Hills, und Gebiete, die die Regierung von uns gestohlen hat, versuchen wir die Kontrolle wieder zu gewinnen.

So hoffe ich und wünsche mir für die Zukunft, dass wir eines Tages in die Black Hills zurückkehren können, und dass wir glücklich sein können, überall wo wir hingehen.

DELANY APPLE

Ich gehe durch einen Trauerprozess, belebe die Vergangenheit wieder in unserer Generation. Gehe zurück und erkenne, warum wir unsere Kultur nicht haben, unsere Sprache. Warum wir Kindesmissbrauch, Gewalt in unseren Familien, Alkoholismus, Drogenmissbrauch, all die Einflüsse der westlichen Gesellschaft haben.

Vielleicht finden wir irgendwann auf dem Ritt unsere Geschichte und können uns darin wieder erkennen. Okay, ich spreche kein Lakota, weil meinen Leuten gesagt wurde, sie sollen nicht indianisch reden. Bin ich wütend heute, weil ich Lakota nicht fließend spreche? Ja, bin ich. Bin ich in einer Alkoholikerfamilie aufgewachsen? Ja. Und wie denke ich darüber? Ich fühle, dass es falsch und unnatürlich ist. Und dass der Schöpfer und mein Volk nicht wollten, dass mir das passiert.

Ich bin auf diesem Ritt gewachsen. In unseren Gemeinden und in der Gesellschaft spürst du nicht viel vom Geist der Lakota oder Native Americans, wenn du es so nennen willst.

Hier auf diesem Ritt können wir ihm näher kommen. Bei einer Zeremonie hat mich Großvater Birgil Kills Straight gebeten, den Staff zu tragen. Es gibt eine Menge, wofür er steht. Er repräsentiert die Familie, das Volk und wird vor den Menschen her getragen. Wie ein Anführer, den man deutlich sehen kann. Die Staffs werden von Generation zu Generation weiter gereicht, in der Familie vom Vater zum Sohn und immer so weiter. Und die Familie vertraut dem Träger, dass er sie sicher auf dem Weg führt.

Mittlerweile haben sich die meisten Reiter zum Schlafen gelegt. Von Weihnachten ist hier draußen kaum etwas zu spüren. Aus einem kleinen Transistorradio krächzen Rockklassiker von Radio KILI. Wir schlürfen die Reste der Rindfleischsuppe, die Lemarre Avery vorhin zubereitet hat. Er ist als Koch einer der wichtigsten Männer des Rittes und bei fast jeder Station dabei …

LEMARRE AVERY

Ich komme aus Eagle Butte und kümmere mich darum, dass die Jugendlichen was zu essen bekommen. Wenn sie ankommen, sind sie hungrig. Ich koche oft in verschiedenen Gemeinden für Feste. Früher bin ich mit meinen Partnern herumgezogen. Wir hatten nichts zu tun außer Bier zu trinken. Das war eine gute Zeit für uns. Aber es führte zu nichts. Der Alkohol bringt dich nicht weiter. Also habe ich damit aufgehört und angefangen, mit Jugendlichen zu arbeiten.

Der Ritt ist wichtig, er bringt uns alle zusammen. Und wer nicht hier sein kann, der liest vielleicht über uns, hört etwas im Radio. So wird das Bewusstsein für den Ritt gesteigert. Sie sehen die jungen Leute da draußen, wie sie der Kälte trotzen. Und dann fangen sie an nachzudenken. Vielleicht ändern sie sich nicht über Nacht. Aber der Ritt bringt sie dazu, nachzudenken.

Mitternacht ist längst vorbei. Ruhe liegt über unserem Lagerplatz. Lautlos fallen schwere Schneeflocken zu Boden. Endlich steigen auch wir in die Schlafsäcke. Wir finden noch eine Ecke im Zelt bei den anderen und es dauert nicht lange, bis wir einschlafen. Irgendwann aber werde ich wach. Beißender Gestank liegt in der Luft. Schlaftrunken will ich mich noch weiter im Schlafsack verkriechen, aber Peter deutet auf den Ofen. Erst jetzt bemerke ich den schwelenden Rauch, der das ganze Zelt ausfüllt. Peter kriecht zum Ofen herüber, greift etwas und öffnet den Zelteingang. Schlagartig wird die Sicht besser. Allmählich verzieht sich auch der Gestank.
Einer der jungen Reiter hatte offenbar seine Kunststoffjacke zu nah an den Ofen gelegt und sie war verschmort. Mitbekommen hat er wohl von alledem nichts. Denn während die entstandenen Dämpfe uns allmählich benebelten, schlummerte er friedlich weiter. Erst am nächsten Morgen entdeckt er das riesige Loch in seinem Anorak. Für den Weiterritt muss er sich einen Ersatz borgen.
Dann beginnt der Abstieg über den Big-Foot-Pass in die bizarren Felslabyrinthe der Badlands …

DER HÖHEPUNKT

»Amerika wird niemals heilen, bis die weiße Nation und die rote Nation dieses Landes zusammenwachsen ... «

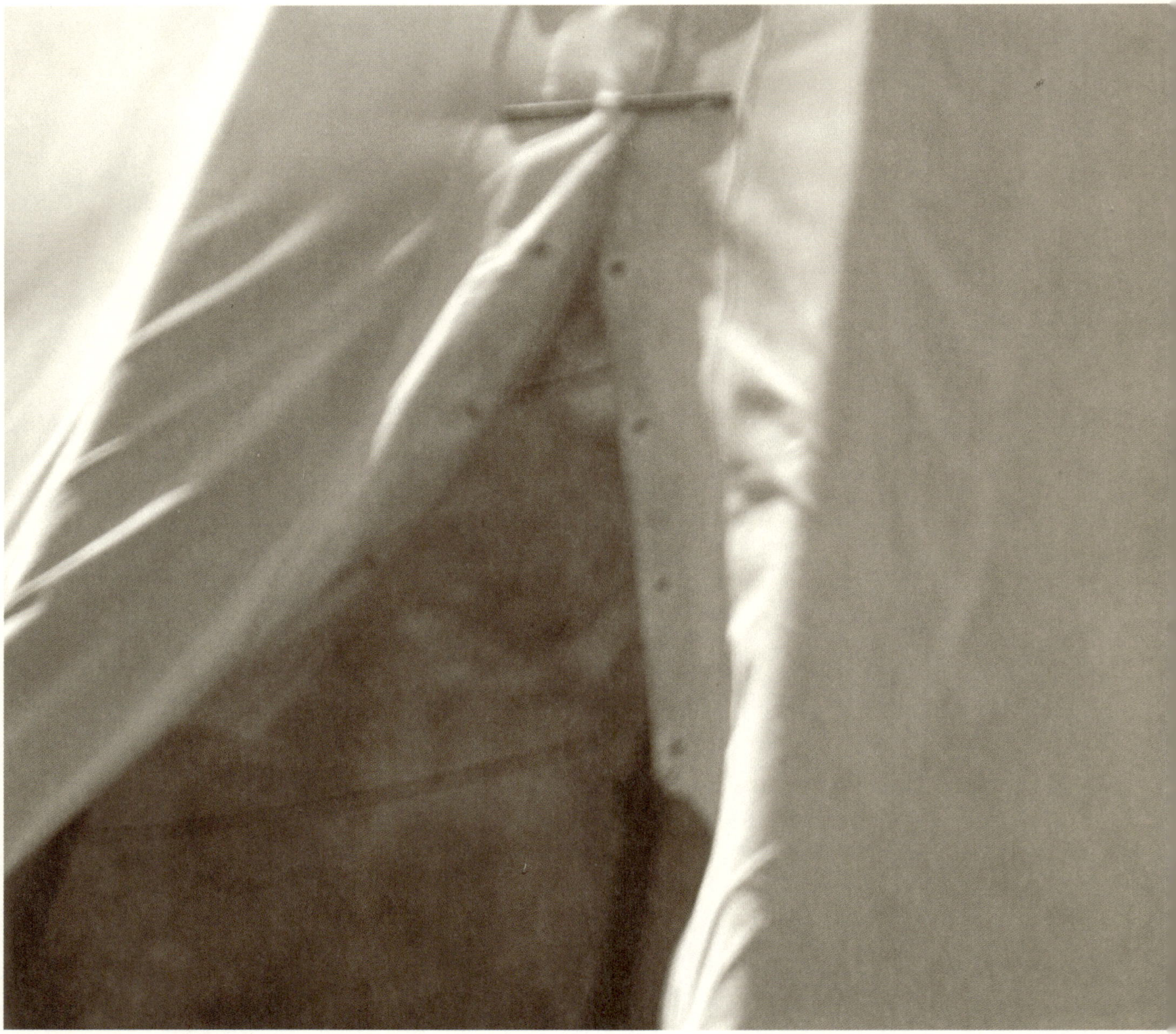

CANNUNPA is
OUT, ASK BEFORE
ENTERING.
PILAMAYA

Nur kurz lodern die Flammen auf, als Medizinmann Richard die Haarlocke ins Feuer wirft. Dann sind auch die letzten sterblichen Überreste von Häuptling Big Foot verschwunden.
Wir kauern in großer Runde im Tipi und blicken andächtig ins Nichts. Mitternacht. Stille. Nur das Feuer knistert leise. Hundertzehn Jahre nach dem Massaker am Wounded Knee kann die Seele von Big Foot endlich Ruhe finden. Leonard hatte uns eingeladen, den feierlichen Moment zusammen mit seiner Familie zu erleben. Auch Vashti und ihr Mann Andy sind wieder gekommen …

LEONARD LITTLE FINGER

Richard, unser Medizinmann, kam zu mir und erzählte von einem sehr großen, stattlichen Mann, der unter uns wandelte. Einem sehr reinen Mann, der voller Freude war, aber gleichzeitig auch ein Gefühl von Einsamkeit hatte.

Ich konnte diese Gefühle spüren, die Freude und die Traurigkeit. Auch als wir unsere Gebete sprachen, für die Dinge, die jetzt aus der physischen Welt zurückkehren zu Mutter Erde. Und ich fühlte die ganze Gegenwart unserer Ahnen. Und wenn ich von Ahnen spreche, meine ich besonders die Väter und Großväter. Es war, als ob mein ganzes Vermächtnis, meine ganze Geschichte auf einmal zur mir kamen.

Und mein jüngerer Sohn sagte: »Daddy, ich habe gerade über etwas nachgedacht.« Ich fragte: »Was war es?« Und er antwortete: »Weißt du, wenn es nicht Großvater Little Finger gewesen wäre, der Wounded Knee überleben konnte, dann wären wir jetzt nicht hier.«

Das war großartig, weil im Alter von vierzehn fängt mein Sohn Tyler an, darüber nachzudenken. Ausgelöst durch unsere Zeremonie.

Jetzt sitzen wir vor der Asche des Feuers, in der sich Teile der physischen Welt der Ereignisse am Wounded Knee befinden. Ein Vorfall, der unsere Familie für immer verändert hat. Wir leben auf dieser Welt in einem Kreislauf aller Dinge, der niemals aufhört. Der Kreis setzt sich fort. Und letzte Nacht standen wir am Verbindungspunkt von Vergangenheit und Gegenwart und Zukunft.

Wir haben einen harten Kampf geführt, und wir kämpfen weiter, um unsere Identität zu behalten. Das Haar ist immer noch hier, aber es hat sich verwandelt und ist zu Asche geworden. Wenn wir das Tipi abbauen und der Regen fällt, dann werden die Dinge, die hier auf Mutter Erde waren, in den Boden zurückkehren und Pflanzen und alles, was auf Mutter Erde wächst, nähren. So verstehen wir unseren Glauben.

Und als das Haar ins Feuer zurück gekehrt ist, wurden gleichzeitig die Gebete in den Himmel zu unseren Ahnen getragen. Das war der Abschluss der Nacht durch das Freilassen der Seele.

ANDREW HURST

Einer der Hauptgründe, warum Vashti und ich hier sind, ist, dass wir beide erkannt haben, dass Amerika, so wundervoll und großartig es als Land ist, niemals heilen wird als Nation, niemals eine wirkliche Einheit haben wird, wahres Glück und wahren Frieden, bis die weiße Nation und die rote Nation dieses Landes zusammenwachsen. Bis es wahre Heilung gibt zwischen der roten und der weißen Nation.

Armut

Ich denke, das vordringliche Problem der Lakota ist die chronische, generationsübergreifende Armut, wie sie sich nur wenige von uns vorstellen können. Neunzig Prozent Arbeitslosigkeit auf dieser Reservation seit Generationen. Diese Art von unterdrückender Armut zerstört die Menschen.

Vashti und ich zitieren gerne Gandhi, der einmal sagte: »Armut ist die schlimmste Form von Gewalt.« Das verletzt die Menschen. Grundsätzliche Dinge, die wir zum Überleben brauchen und die wir in der westlichen Welt so selbstverständlich nehmen, wie eine Wohnung, Nahrung, Kleider – diese Menschen kämpfen jeden Tag darum. Das ist die zerstörerischste Krankheit, an der die Menschen leiden. Die überwältigende, unterdrückende, dauerhafte Armut.

Zahlen

Die Lebenserwartung auf dieser Reservation für Männer liegt grob bei 57 Jahren. Für Frauen bei 62. Das steht im Kontrast zur durchschnittlichen Lebenserwartung in Amerika von rund 75 Jahren bei einem Mann und 78 Jahren für eine Frau. Die Lakota haben also eine um etwa zwanzig Jahre verkürzte Lebenserwartung. Sie entspricht ungefähr der von Haiti, dem ärmsten Land der westlichen Hemisphäre. Das ist eine sehr aussagekräftige Statistik.

Leider sehen wir kaum noch alte Menschen. Die Bevölkerungsverteilungskurve auf dieser Reservation ist sehr nach links verschoben, hin zu den Jugendlichen. Ich glaube, unser Durchschnittsalter liegt jetzt bei etwa zweiundzwanzig Jahren. Die Menschen

hier sterben also früh. Durch Autounfälle, schlechte Ernährung. Diabetes ist eine enorme Komplikation. Wir haben hier die achtfache der nationalen Diabetesrate, die zehnfache der Tuberkuloserate des Staates. Unsere Kindersterblichkeit ist um das zweieinhalbfache höher als im Landesdurchschnitt. Das sind Statistiken, die ein verarmtes, wirtschaftlich unterdrücktes Volk zeigen.

Veränderungen

Es gibt immer Hoffnung. Du musst den Glauben bewahren. Sie sind ein starkes Volk, immer noch sehr verwurzelt mit ihrem Land. Wir hoffen und beten für sie jeden Tag. Ich glaube, dass massives Kapital nötig ist. Und dass wir Amerikaner und die Menschen weltweit mit einbeziehen müssen, um diese Nation auf ihrem Weg zum Frieden zu führen.

Kann man das schaffen? Ja. Aber es wird enorme Geduld erfordern. Manchmal scheinen die Probleme unüberwindbar, wenn wir sehen, wie sich die Menschen plagen. Und wenn es scheint, dass sich in den letzten zehn Jahren die Bedingungen nicht merklich verbessert, sondern wohl sogar noch verschlechtert haben.

Diese Menschen mühen sich wirklich und sie brauchen dringend Hilfe. Es ist ein langer Weg, den wir gehen müssen.

Lernen von den Lakota

Die Geschichte ist voll mit Betrug, Massakern und wirtschaftlicher, kultureller und militärischer Unterdrückung. Ihre Bereitschaft, trotzdem zu vergeben, hat mich immer wieder beeindruckt. Und es erstaunt mich, wie sie unter diesen herben Entbehrungen und Nöten trotzdem ihren wundervollen Humor behalten haben und ihren Willen zu überleben. Ich denke, Vergebung und Durchhalten; Durchhalten mit großer Anmut und Menschlichkeit und Würde; das sind die Dinge, die ich von ihnen gelernt habe. Ich glaube, das lehren sie jeden Besucher, der mit offenem Herzen und Verstand hierher kommt.

Wünsche

Sie sind ein nationaler Schatz. Sie sind wundervolle Menschen, die Lakota auf Pine Ridge.

Aber auch alle anderen Ur-Völker geben uns eine Fülle von Traditionen und Kultur. Sie geben uns ein Gefühl, was Amerika wirklich ist. Deshalb appelliere ich noch mal an alle. An alle Bürger der Welt und alle Amerikaner, ihren Wert zu erkennen und Stellung zu beziehen für Gerechtigkeit und Wohlstand für die eingeborenen Völker.

AM WOUNDED KNEE

»Unser Volk muss vergeben, die Vergangenheit hinter sich lassen und weitergehen … «

Heute ist der 29. Dezember. Der Tag des Massakers. Gestern schon hatten die Reiter Wounded Knee erreicht. Kurz nach Sonnenuntergang versammelten sie sich am Fuße des Grabhügels zu einem letzten Gebet im Schweinwerferlicht der Begleitfahrzeuge.
Am Abend dann eine kleine Feier in der Sporthalle von Manderson. Jetzt warten wir auf die abschließende Zeremonie. Zwei Wochen Kälte liegen hinter den Reitern. Rund 350 Kilometer durch die eisige Prärie, im Gedenken an ihre Vorfahren. Sie blicken zurück. Und nach vorn …

JESS KNIGHT

Wir mussten einiges aushalten unterwegs, besonders auf unserer Reservation. Da war das Wetter wirklich streng. Und jetzt der Abschluss! Es ist ein bisschen wie eine Erlösung. Aber ich finde es auch schade, dass es zu Ende geht. Es ist eine wirklich gute Sache für die Jugend. Ich mag die Kameradschaft unter den Leuten, die mit mir geritten sind. Es war gut, mit ihnen zusammen zu sein und neue Freunde zu finden.

Ich werde wegen meiner Kinder wieder kommen. Ich habe zwei Kinder, die mitgeritten sind. Und ich möchte, dass sie die Bedeutung des Rittes begreifen. Viele Erwachsene reiten im Gedenken an die Vorfahren. Aber für mich ist es hauptsächlich eine Möglichkeit, unsere Kultur und unsere Spiritualität an unsere Jugend weiterzugeben. Darum reiten wir. Wir wollen, dass sie sich ihrer Kultur bewusst werden und sie wieder aufgreifen. Vieles ist in der Vergangenheit verloren gegangen.

JOE LAFFERTY

Ich dachte an 1990, als wir den Hügel runter kamen. Wie kalt es war. Und ich musste an 1890 denken, an die Kinder, die kleinen Babys und alten Leute. Ich stellte mir vor, was sie durchgemacht haben. Nicht nur die Kälte zu fürchten, verloren zu sein, sondern auch zu wissen, dass der Tod sie umgab, mit den Soldaten auf dem Hügel dort.

Wenn wir unsere Geschichte kennen, dann ist das wie unser Fundament. Und ich kann mir keinen besseren Weg vorstellen, unseren Kindern das beizubringen. Darum geht es bei dem Ritt: unsere Jugend mit den Schwierigkeiten unserer Kultur vertraut zu machen und das zu nutzen, um sie auf die Probleme in der Zukunft vorzubereiten.

MANAJA UNJINCA HILL

Ich habe eigentlich mitgemacht, um einige Reiter zu unterstützen. Einer der Männer hatte ein Pferd, das gesattelt war. Mein Sohn Kellyn ging hin, setzte sich auf das Pferd und begann zu reiten. Und er stieg nicht wieder herunter, ritt die ganze Strecke.

Kellyn hat ein Menge Probleme im Leben. Er ist verhaltensgestört und muss lernen, damit umzugehen. Aber mit diesem Pferd scheint sich etwas in ihm verändert zu haben. Vielleicht hat er so eine Art Seelenverwandten getroffen. Früher trug er seine Baseballkappe rückwärts, er hatte diese harte Gossensprache, trug diese weiten Hosen. Aber als er von diesem Pferd stieg, hat sich alles geändert.

Jetzt sieht er sich nicht mehr als behindertes Kind, sondern als ein Kind, das viel lernen muss und es dauert halt etwas länger als bei anderen. Er hat mehr Selbstachtung. Er hat viel gelernt, indem er mit anderen Leuten zusammen war und mit Pferden Umgang hatte.

Ich bin alleinerziehend mit drei Jungs und es ist schwer, eine gute Zeit mit ihnen zu verbringen. Meine zwei anderen sind jünger, vier und sechs Jahre. Die verlangen viel Aufmerksamkeit. Kellyn als der Älteste macht mehr seine eigenen Sachen, muss mehr Hausarbeiten machen als die anderen. Jetzt hatten wir Zeit für uns.

Ich war Alkoholiker, trank. Kellyns Mutter trank, als sie mit ihm schwanger war, und das ist auch der Grund für seine Verhaltenstörung. Ich mache mir Vorwürfe deswegen, aber ich kann es nicht ändern. Ich muss das akzeptieren. Ich versuche alles, um seine Welt, in der er lebt, ein wenig besser zu machen. Und wenn er älter wird, selbstständig, dann hoffe ich, dass ich ihn in die richtige Richtung geleitet habe, dass er damit umgehen kann. Es ist wie mit Pferden. Es geht nicht darum, ihren Geist oder Willen zu brechen, sondern sie zu führen. Und das tun wir auch mit unseren Kindern. Wir führen und leiten sie. Und hoffen, dass sie ein besseres Leben haben werden als wir.

Auf den Reservationen gibt es so viel staatliche Unterstützung, Lebensmittel werden verteilt. Das ist gerecht, wegen unserer Verträge. Aber man muss ihnen auch beibringen, dass sie dafür arbeiten müssen. Dann schätzen sie es mehr, es bedeutet ihnen mehr. Dieser Ritt gibt ihnen die Möglichkeit zu sehen, wie hart die Dinge wirklich sind, und am Ende das Gefühl, etwas erreicht zu haben, was nur sehr wenige Kinder kennen lernen – und noch weniger Erwachsene. Und sie können das auf viele Dinge im Leben übertragen. Das ist sehr positiv und ich denke es sollte weiter gehen. Ich werde sie unterstützen, wo ich kann.

DANA DUPRIS

Mein Name ist Dana Dupris und ich bin hier mit den Healthy-Nations-Jugendreitern. Wir kamen auf Einladung von Arvol Looking Horse.

Wir haben etwa fünfundzwanzig bis dreißig Jugendliche, die bei unserem Programm mitmachen. Von denen wählen wir die erfahreneren Reiter aus. Sie nehmen dann an verschiedenen Veranstaltungen teil, haben sich also gewissermaßen ihren Weg hierher verdient. Sie haben gezeigt, dass sie reiten und den Elementen und der Kälte trotzen können.

Ich war nicht scharf auf die Kälte und in solchem Wetter draußen zu sein. Aber ich musste auch an die jungen Leute denken. Sie haben sich extra vorbereitet. Und dann zu sehen, wie sie den Hügel runter kamen, war sehr bewegend, weil sie die Reise beendet haben.

Das war unser Ziel von Anfang an: nicht nur teilweise dabei zu sein, sondern komplett alles zu machen. Wenn die Zeremonie vorbei ist, dann dürfen sie nach Hause gehen und tun, wozu sie Lust haben. Aber hieran werden sie sich immer erinnern können und es mit ihren Familien teilen. Ich glaube, viele werden stolz auf sie sein.

Einige ihrer Verwandten zu Hause sind krank, manche kämpfen gegen Krebs, manche gegen Diabetes. Es gibt viel Alkoholismus, Drogenmissbrauch. Und in ihrem normalen Leben haben sie oft keine wirkliche Vaterfigur, die sie voran treibt. Viele schätzen deshalb die Gelegenheit, eine männliche Bezugsperson in ihrem Leben zu haben. Vielleicht nur für zehn Tage, aber ich sehe eine allmähliche Veränderung. Sie werden selbstbewusster, sie sind in der Lage, den Staff zu tragen.

Am Anfang haben sie sich noch davor gedrückt, weil es eine so große Verantwortung ist, für junge Leute einzustehen. Jetzt am Ende haben sie sich freiwillig gemeldet, um diesen Staff zu tragen. Ich selbst bin fünfundvierzig Meilen geritten, habe den Staff getragen, aber es ist ziemlich hart. Es sieht gut aus, aber ihn im Wind und in der Kälte zu tragen und deine Hände frieren ein, die Verantwortung zu tragen, wiegt schwer. Die jungen Leute haben die Herausforderung angenommen und ich bin wirklich stolz auf sie.

BOBBY WHITE MOUNTAIN

Viele berichten über den Big-Foot-Ride, vergessen aber den entscheidenden Punkt.

Dieser Punkt ist für mich die nächste Generation. Wir beten, leiden, opfern, damit die nächste Generation leben kann. Und die Jugendlichen sind so wichtig, sie sind stark und beeindruckend. Ich habe einige Jugendliche gesehen, die den ganzen Weg geritten sind, ohne sich zu beklagen. Und es macht mich innerlich stark, zu wissen, wenn sie bei minus fünfzig Grad den ganzen Weg reiten können, ohne zu klagen, dann gibt es auch nichts, was mich oder irgend jemand sonst stoppen könnte. So lange wir diese Tapferkeit und diese Werte in uns haben, wird uns nichts stoppen.

Es ist ihnen egal, wie kalt es ist, sie haben Weihnachten aufgegeben; vielleicht die wichtigste Zeit des Jahres für jeden Jugendlichen in dieser Gegend. Sie haben Weihnachten geopfert, um auf diesem Ritt zu sein.

Und es ist offensichtlich, wie die Kinder stolz werden. Ich sehe, wie sie stolz auf sich sind. Aber ich denke, sie sollten auch ein Gefühl für die Gemeinschaft mitnehmen. Dieses Gefühl ist wichtig, weil unsere Leute so isoliert leben. Und der Ritt half dabei, Leute aus den unterschiedlichen Bezirken und Gemeinden zusammen zu bringen. Gleichzeitig erzählen sie Geschichten über die alten Tage, und unsere Alten zeigen ihnen die unterschiedlichen Tugenden unseres Volkes. Respekt, Großzügigkeit, Tapferkeit. Sie lernen diese Werte, die unser Volk seit tausenden von Jahren hat. Das sollen sie mitnehmen. Unser Volk muss vergeben, die Vergangenheit hinter sich lassen und weitergehen.

DIE ZUKUNFT

»Sie mögen unser Volk getötet haben, aber unsere Art zu leben werden sie niemals töten … «

Dreiundvierzig Namen sind in den Marmor gemeißelt. Für mehr reichte das Geld nicht. Dreiundvierzig Opfer von gut dreihundert, die am Wounded Knee getötet wurden.
Leonard steht neben dem Monument, das sein Großvater mütterlicherseits, Joseph Horn Cloud, vor genau hundert Jahren aufstellen ließ. Er hat einige Dutzend Schüler der Loneman-Schule am Jahrestag mitgebracht, um ihnen zu erklären, was hier passierte. Viele von ihnen sind Nachkommen von Opfern und Überlebenden des Massakers. Und sie sind die Zukunft …

LEONARD LITTLE FINGER

Die Kinder, die jetzt aufwachsen, die zehn oder fünfzehn Jahre alt sind, werden lernen, dass sie auch heute noch ums Überleben kämpfen müssen. Sie haben als Lakota die Verantwortung, die Sprache am Leben zu halten, ihre Kultur und natürlich ihre Geschichte zu kennen. Gleichzeitig lernen sie zu überleben, indem sie eine Ausbildung in der Welt der Weißen machen und dadurch einen Beruf ergreifen können. Der ermöglicht es ihnen, wenn sie erwachsen sind, eine Familie zu gründen, ihre Lebensqualität zu verbessern und von ihrem Wissen und ihrer Erfahrung zu profitieren.

Das ist die Botschaft, die wir ihnen mitgegeben haben. Dass einhundert Jahre vergangen sind, und nach einhundert Jahren kämpfen wir immer noch ums Überleben. Da sind Drogen, Alkohol, Depression, viele soziale Probleme, viele wirtschaftliche Probleme, Arbeitslosigkeit.Vielleicht können ein paar der jungen Leute die Wirtschaft vorantreiben, werden ihrem Volk helfen, als Doktoren, Anwälte, Lehrer. Die Jugend von heute ist die Antwort für morgen. Aber sie können keine Menschen von morgen werden, bevor sie nicht vollständig wissen und verstehen, wer sie sind, woher sie kommen und was sie sind.

Sie mögen unser Volk getötet haben, aber unsere Art zu leben werden sie niemals töten. Und so werden wir alles tun, was möglich ist, um unsere Kultur, unsere Lebensweise und unsere eigene Sprache zu erhalten.

Ich weiß, wer ich bin, weil ich weiß, woher ich komme und was ich bin. Und wenn ich weiß, woher ich komme und was ich bin, und vor allem weiß, wer ich bin, – gestärkt durch die Sprache, durch die Kultur, durch die Geschichte – dann weiß ich auch, wohin ich gehen werde.

BIG FOOT

UNSER DANK …

… geht vor allem an die Lakota, die uns zu sich eingeladen und ihre Geschichten mit uns geteilt haben. Wopila!

Für Hilfe und Unterstützung in den USA bedanken wir uns bei …
Vashti & Andrew Apostol-Hurst, Delany Apple, Lemarre Avery, Dave Bald Eagle, Johnson Bear Robe, Chuck Benson, Luke Black Elk, Geraldine Blue Bird, Antonia Blue Bird, Richard Broken Nose, Hal Cannon, Candace Ducheneaux, Karen Ducheneaux, Dana Dupris, Debbie & Bruce Edwards, Marcella Gilbert, Jim Hagen, Michael Her Many Horses, Manaja Hill, Kellyn Hill, Sonja Holy Eagle, Mark Kayser, Birgil Kills Straight, Isa & Jack Kirk, Jess Knight, Joe Lafferty, Leonard Little Finger, Arvol Looking Horse, Milly McCullen, Ron McNeil, Bill Miller, John Moon, Jonell Neaman, Christine & Oliver Red Cloud, Sonny Richards, James Robideau, Christine & Tom Steuer, Curtis Swift Bird, Sam Tall, Taki Telonidis, Chub Thunder Hawk, Leslie Trueblood, Webster Two Hawk, Buzzy Two Lance, Vina White Hawk, Bobby White Mountain, Alex White Plume.

In Deutschland danken wir …
… Stefan Bässgen, Martin Breutmann, Axel Brümmer, Monika Drexel, Ingolf Fritzsche, Peter Glöckner, Dieter Glogowski, Christine Goeschel, Hartmut Grawe, Jutta & Peter Hohlweg, Klaus Hledik, Sonny & Matthias Jung, Gerald Krakauer, Michael Martin, Franz Meier-Dini, Rüdiger Nehberg, Dominic Raacke, Andreas Schechinger, Larissa Vassilian, Annette Weber, Marion Zeh …

… und unseren Familien und allen, deren Namen hier nicht stehen, weil sie uns erst später wieder eingefallen sind, – sorry.

Zum Schluss möchten wir uns noch bei Hans Otto Hoffmann vom Bayerischen Rundfunk bedanken. Er hat uns aus seiner Sammlung ein antikes Abspielgerät für die Edison-Zylinder zur Verfügung gestellt. Damit kann Leonard sie endlich auswerten …

GLOSSAR

AIM	American Indian Movement, radikale politische Bewegung der Indianer, die vor allem in den 1970er Jahren für Schlagzeilen sorgte und u.a. Wounded Knee für mehrere Wochen besetzte.
Baby-Basket	Waschkorb gefüllt mit Baby-Nahrung, Windeln, Decken, Spielzeug u.ä, die NAAICE an jedes neugeborene Kind auf der Pine-Ridge-Reservation verteilt.
Beadwork	Bunte Glasperlen-Stickereien der Indianer zur Verzierung von Kleidung und Gebrauchsgegenständen.
Bear Butte	Heiliger Berg der Lakota und Cheyenne am Nordost-Rand der Black Hills.
Black Hills	Heilige Berge der Lakota, das ›Herz der Erde‹, das älteste Gebirge Nordamerikas mit dem Harney Peak als höchste Erhebung (rund 2200m).
Boarding Schools	Schulinternate zur ›Zivilisierung‹ der indianischen Kinder im 20. Jahrhundert.
Canupa	Lakota für ›Heilige Pfeife‹.
Drum Group	Gruppe, deren Mitglieder um eine große Büffelhaut-Trommel sitzen und zum Rhytmus indianische Lieder singen. Ihre Musik ist z.B. auf den PowWows, den indianischen Tanzfesten, zu hören.
Elder	Englisch, respektvolle Bezeichnung für ältere, weise Stammesmitglieder.
Fry Bread	In Öl ausgebackenes Brot der Indianer, wird mit Beilagen als Indian Taco angeoten.

Indian Health Service	Indianische Gesundheitsbehörde.
Keeping of the Soul-Zeremonie	Wörtlich ›Die Seele bewahren‹, eine der sieben Heiligen Zeremonien der Lakota.
Lakota	Dialektgruppe der Großen Sioux-Nation, die anderen beiden sind Dakota und Nakota.
Little Big Horn	1876 Ort der legendären Schlacht, bei der die Sioux und Cheyenne unter der Führung von Crazy Horse und Sitting Bull gegen General Custer und die 7. US-Kavallerie siegten.
Mnikowoju	Bezeichnung für einen der sieben Unterstämme der Lakota; leben in der heutigen Cheyenne-River-Reservation.
Native Americans	Englisch für Eingeborene Amerikaner, politisch korrekte Bezeichnung der Indianer Nordamerikas.
Quarter	25 Cent-Münze.
Sitanka	Lakota-Name von Häuptling Big Foot.
Sonnentanz	Spirituelle Tanzzeremonie, bei der sich die Teilnehmer über mehrere Tage in Trance tanzen. Manche durchspießen die Brusthaut mit Holzspießen und verbinden sie über Bänder oder Schnüre mit einem in der Mitte des Tanzplatzes aufgestellten Pfahl.
Staffs	Federgeschmückte, bunte Stäbe der Reiter, sie repräsentieren eine Familie oder bestimmte Gruppe.
Wacicu	Lakota für ›Weiße‹.

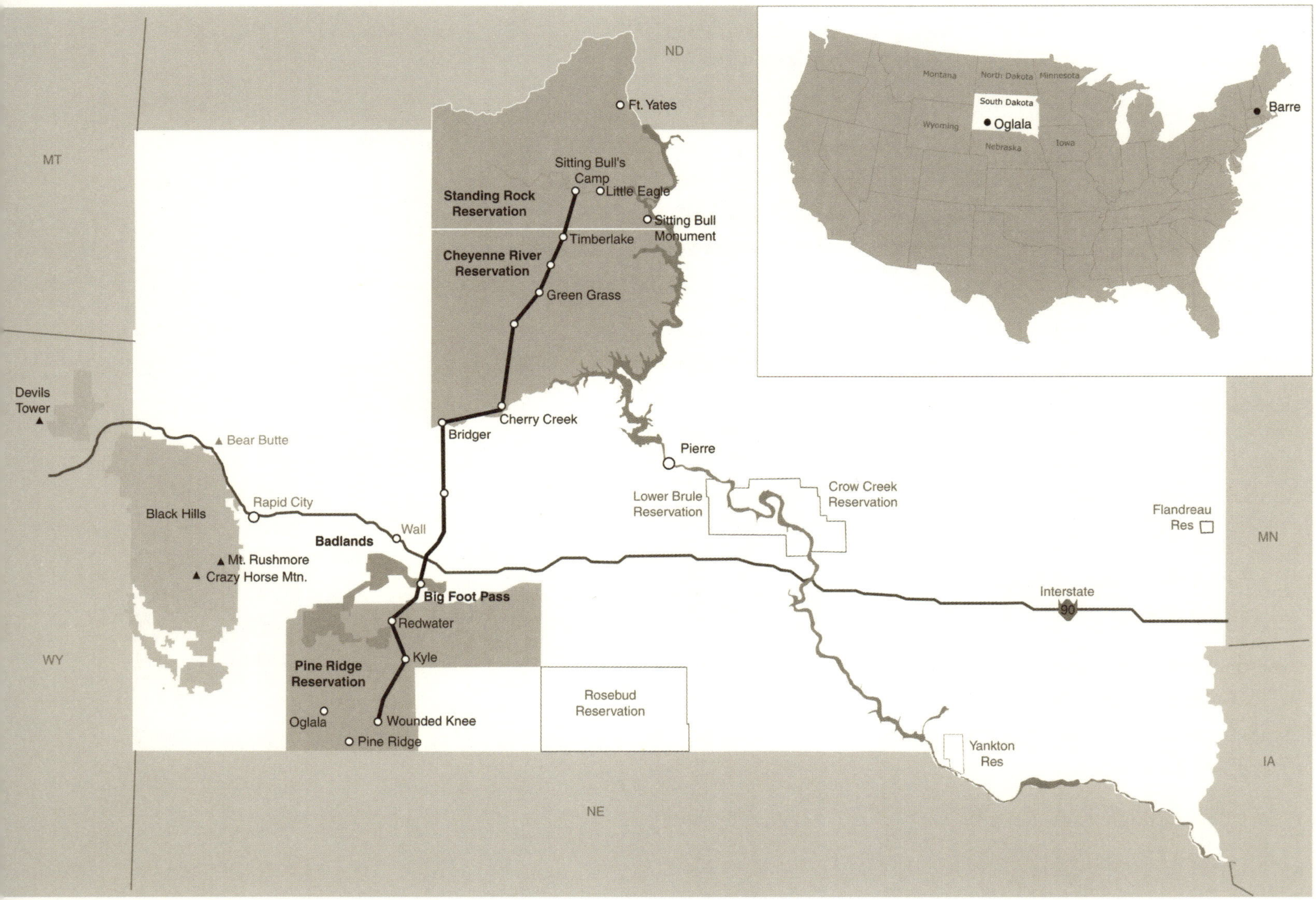
ND
Ft. Yates
MT
Sitting Bull's Camp
Little Eagle
Standing Rock Reservation
Sitting Bull Monument
Timberlake
Cheyenne River Reservation
Green Grass
Cherry Creek
Bridger
Devils Tower
Bear Butte
Pierre
Black Hills
Rapid City
Wall
Badlands
Lower Brule Reservation
Crow Creek Reservation
Flandreau Res
MN
Mt. Rushmore
Crazy Horse Mtn.
Big Foot Pass
Interstate
90
Redwater
WY
Kyle
Pine Ridge Reservation
Rosebud Reservation
Oglala
Wounded Knee
Pine Ridge
Yankton Res
IA
NE
Montana
North Dakota
Minnesota
South Dakota
Oglala
Wyoming
Nebraska
Iowa
Barre

BIOGRAPHIE

Peter Hinz-Rosin, geboren 1962 in München, machte zunächst eine Ausbildung zum Werkzeugmacher, arbeitet aber seit 1990 ausschließlich als freier Photograph mit den Schwerpunkten Photodesign und Bildjournalismus. Seine Auftraggeber kommen aus Werbung, Industrie und Printmedien.

Dirk Rohrbach wurde 1968 in Hanau geboren. Nach dem Medizinstudium machte er ein Volontariat beim privaten Radiosender Antenne Bayern. Er arbeitet heute hauptberuflich als Hörfunkmoderator beim Bayerischen Rundfunk (Bayern 3) und als Arzt.

Beide haben sich 1995 zufällig auf einer Reise in South Dakota kennen gelernt. Beeindruckt von den Begegnungen mit den Sioux-Indianern begannen sie, gemeinsam Interview- und Photo-Material zu sammeln. Daraus entstand die preisgekrönte Dia-Vision *Auf den Spuren der Sioux*.

Für ihre sensible Reportage-Photographie wurden sie 2001 beim internationalen Reise- & Abenteuer-Dia-Festival El Mundo in Österreich mit dem 1. Preis ausgezeichnet. Herausragend ist aber auch die Live-Präsentation. Sie besticht durch den einfühlsamen Erzählstil und das fesselnde Zusammenspiel von Interviewausschnitten, Klängen und Musik.

Der Letzte Häuptling ist ihr zweites gemeinsames Projekt. Parallel zur neuen Dia-Vision und dem Buch entsteht erstmals auch ein Dokumentarfilm.

Außerdem haben Peter und Dirk 2003 den Verein Tatanka Oyate zur Unterstützung indigener Völker gegründet. Für ihr soziales Engagement wurden sie in Frankfurt mit dem *Weitsichtpreis für Menschenrechte* ausgezeichnet.

Mehr Infos und den Tourplan gibt es unter *www.dia-vision.com*

TATANKA OYATE

Verein zur Unterstützung indigener Völker e.V.

Der Verein wurde von uns 2003 als Reaktion auf viele Hilfsangebote gegründet.

TATANKA OYATE ist ein Begriff aus der Sprache der Lakota-Sioux und bedeutet Büffel-Nation. Der Name steht voller Respekt für das Tier, das den Indianern der großen Prärien seit Jahrhunderten das Überleben sichert. Sie sehen sich aber auch als Teil der großen Büffel-Nation, deren Zukunft heute ungewiß ist.

Der Verein will gemäß seiner Satzung indigene Völker mit materiellen, finanziellen und ideellen Mitteln unterstützen. Insbesondere sollen Initiativen zur Wahrung der ursprünglichen Kultur und Traditionen dieser Völker gefördert werden. Das erreicht TATANKA OYATE durch Recherchen vor Ort, durch Aufklärungsarbeit in den Medien und durch eigene Publikationen. Spenden werden ausschließlich eingesetzt für konkrete Hilfe für einzelne Personen und für Bevölkerungsgruppen, die aufgrund ihrer Zugehörigkeit zu einem indigenen Volk in ihrer Existenz bedroht wurden oder werden.

Mehr Informationen finden sie unter *www.tatanka-oyate.com.*

Dirk Rohrbach und Peter Hinz-Rosin

VERLAG WELTSICHTEN

Axel Brümmer und Peter Glöckner stiegen nach dem Fall der Berliner Mauer auf ihre Fahrräder und umrundeten die Welt. Nach über fünf Jahren kehrten sie mit einmaligen Erfahrungen wieder zurück und gründeten den Verlag WELTSICHTEN. Ihre beeindruckenden Erlebnisse geben sie in Büchern und Dia-Shows an ein großes Publikum weiter.

Doch sie geben auch anderen Reisenden die Möglichkeit, ihre Erlebnisse und Eindrücke zu publizieren: in Büchern genauso wie beim alljährlich stattfindenden THÜRINGER DIA-FESTIVAL.

WELTSICHTEN
Fünf Jahre mit dem Fahrrad unterwegs
Reiseerzählung – ISBN 3-934996-00-0

UNTERWEGS ZUM AMAZONAS
Mit Faltbooten zu Goldsuchern und Indianern
Reiseerzählung – ISBN 3-934996-01-9

WELTerfahrung
128 Jahre und jung genug für ein Abenteuer
Reiseerzählung – ISBN 3-934996-07-8

Auf Marco Polos Spuren
Mit dem Fahrrad von Venedig nach Peking
Reiseerzählung – ISBN 3-934996-03-5

MASUREN
Thorn · Danzig · Königsberg
Bildband – ISBN 3-934996-02-7

NANOOKS TRAUM
Abenteuer eines kleinen Schlittenhundes
Kinder-Bildband – ISBN 3-934996-05-1

www.weltsichten.de

IMPRESSUM

Der Letze Häuptling

1. AUFLAGE NOVEMBER 2003

TEXT / FOTOS:
Dirk Rohrbach
Peter Hinz-Rosin

HISTORISCHE FOTOS:
Seite/Foto: 15/1, 23/1, 24/1, 25/1, 26/1, 26/2, 27/1, 67/1, 70/2
Photos Courtesy of the South Dakota State Historical Society - State Archives

Die Bilder dieses Buches sind nicht digital verändert, mit Ausnahme der Umschlagbilder.

LAYOUT, SATZ, REPRO S/W:
Studio Hinz-Rosin,Grafing

REPRO FARBE:
Promedia, Erlangen

DRUCK UND BINDUNG:
GGP Media, Pößneck
Gedruckt auf Schleipen Werkdruck

VERLAG:
Weltsichten

ISBN 3 - 934996 - 08 - 6